ヤクザ500人と
メシを食いました!

鈴木智彦

宝島
SUGOI
文庫

宝島社

まえがき

２０１１年10月、全国の都道府県で暴力団排除条例が施行され、暴力団社会は激変した。暴排条例はヤクザと接触する一般人を規制するもので、暴力団それ自体に直接ダメージを与えるものではないため、正確にいえば、暴力団を取り巻く環境がいっきに変わってしまったということになる。

正当な商取引であっても、それが暴力団の利益になるなら、そのサービスや商品を提供した側が条例違反となる。「暴力団とは一切の交流を遮断（しゃだん）する」という暴排条例の理念から除外されるのは、電気・ガス・水道など、個別に法律を持つ最低限のライフラインのみで、全国に先駆けて暴排条例を制定した福岡県では、多数の企業が勧告・公表などの処分を受け、銀行取引が中止され、倒産に追い込まれた。

飲食店も暴力団という顧客と決別することが求められている。厳正にいえば、暴力団と知らずにサービスを提供するのは合法だし、暴力団個人が飲食をするのは条例に抵触（ていしょく）しないと法律の専門家は判断している。が、地域によって、取締まりの現場では条例の曖昧（あいまい）さを悪用し、暴力団の家族まで、門前払いとなっている。いかようにも解釈できる条例は、警察にとって変幻自在な武器となり、暴力団たちはあっという間に社会から孤立してしまった。

そのため、本書に上げたエピソードは、もしかするとその大半が過去の話になっているかもしれない。もちろん、暴排条例が無実化し、このままという可能性もある。食事というテーマを柱としたのは、人間の本能的欲求であり、誰にとっても日常的なテーマだからである。社会的に異質な存在として扱われる病理集団の構成員は、果たしてどんな食事をとっているのか、ある程度の興味があるだろう、と考えたからだ。

かねてから、高級店にとって暴力団という顧客は上得意だった。暴力団にとって、一般人がぎょっとするような金の使い方をアピールするのは、自分たちの虚像を維持するために欠かせないパフォーマンスなのだ。

暴力団にとってハレの場はもちろん、彼らの日常にもスポットを当てた。

そこには暴力団も人間であるという、ごく当たり前の事実が存在している。

鈴木智彦

2012年2月

ヤクザ500人とメシを食いました！＊**目次**

第2章　公開！ 極道の私生活

特別漫画――本当にあった極道の話

第３章　シノギのトリビア

第４章　暴力のトリビア

第5章 盛り場のオキテ

本書は2012年3月に小社から刊行した
『ヤクザ300人とメシを食いました!』を
増補・改訂し、文庫化したものです。

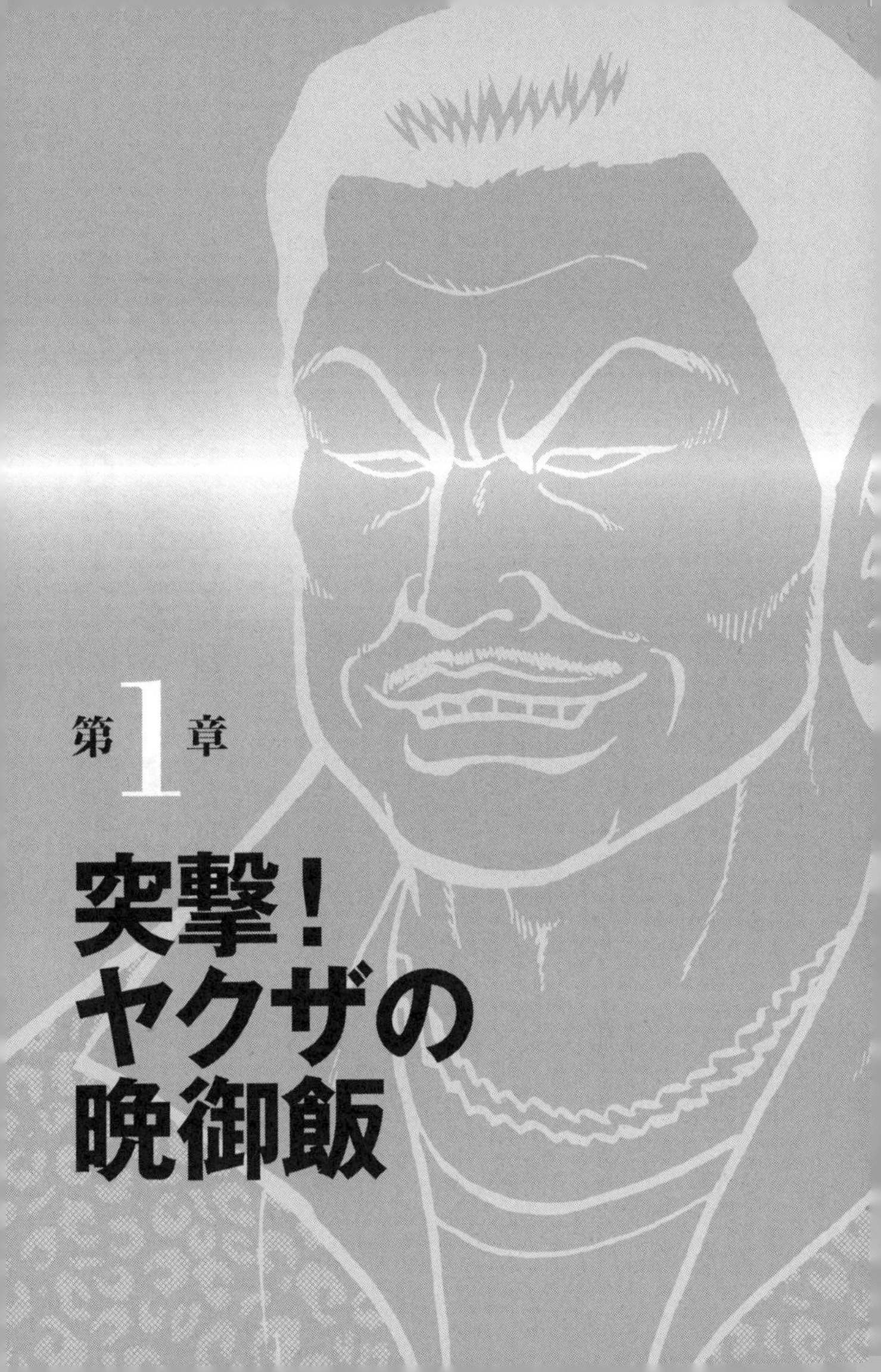

第1章

突撃！ヤクザの晩御飯

ヤクザ300人、いや本当は500人とメシを食いました！

最強の〝密接交際者が綴る「一緒に食べた食事の写真が174点！」

数え切れないほどヤクザと一緒に食事をしてきた。

取材が終わった後の打ち上げもあるし、メシを食いながら取材というケースも多い。最近ではプライベートでメシを食うことも増えている。こちらとしてはネタ拾いを兼ねており、仕事の一貫であっても、警察からすれば、私は立派な〝密接交際者〟かもしれない。

一昨年末は自宅に1人だったため、同い年の稲川会系組長が来訪してくれ、我が家で男2人の忘年会となった。近所で買った寿司折りとインスタントの味噌汁を用意し、5時間程度ゆっくり話し込んだ。

「もうヤクザでは食えないだろう。飯が食えない。かといって他の仕事もできない。どん詰まりだ」

「自分たちの仕事も同じです」

業界はまったく違っていても共通の悩みが多く、お互い、いまさら転職しても潰しがきかない境遇を嘆き、愚痴を言い合った。

それはさておき、当初つけたタイトルの〝300〟という数字はかなり控えめに選定してある。

根拠はこれまでの取材ペースを振り返り、食事をともなう取材が月に2回はあったろうという確信だ。その前提なら年に24回食事をしたことになり、これにヤクザ取材を続けてきた16年を掛けると、合計384回になる。

単に人数だけなら500人は堅いと思い、今回はこちらの数字を選んだ次第だ。これには、はっきりした根拠がある。6年ほど前から、食事の場面を集計して記事にしようと考え、簡単な統計を取り始めたからだ。きっかけはヤクザ専門誌の若い編集部員が、組織の取材後、筆者とともにヤクザから招待された食事の席で携帯電話を取りだし、盛んに料理の写メを撮っていたことだった。

「毎回、（ヤクザからご馳走になった食事の）写真を撮ってるんです。メモリアルというか、記憶に残そうと思って」

一般人に、ヤクザとの接点はない。ともに食事をする機会など、ほぼ皆無である。何を食べているのか、どこに食事に出かけるのか、ある程度の興味があるだろう。それからは手帳に誰と、どんな状況で、何を食べたか簡単にメモするようにした。

これまでに集まったサンプル数は174である。これがなぜ500人になるかといえば、食事の場にヤクザが複数いるという場面が多いからだ。サンプルをこちらの主観でカテゴライズし、まずは食事をとった際のヤクザの人数を集計した。これを見れば500人という数字が嘘ではないと分かってもらえるはずだ。

いまや大人数での食事は暴排条例違反に

以下は、メモをまとめた人数、回数に関するデータだ。

●食事をする際、何人のヤクザがいたか？
【1人】——89回。89人
【2人】——52回。104人
【3人から5人】——13回。3人の場合で99人
【5人から10人】——7回。5人の場合で35人
【それ以上】——13回。11人の場合で143人

メモを取り始めた際、悩んだことがある。

ボディガードなど別室で食事をとったり、飲食店内部で待機している若い衆をカウントするかどうかということだ。たとえば抗争中の親分1人と飯を食うだけで、一緒にメシを食ったヤクザの人数は、軽く10人を超えてしまう。組織の宴会に出席すれば、それだけで40〜50人とメシを食ったことになる。

トップクラスの親分衆が単独行動を取ることはほとんどない。暴力団＝反社会的勢

力という図式が定着し、暴排条例によって、大人数での食事が「組事(くみごと)」と判断されるようになった現在はさすがに少なくなったが、たとえ抗争中ではなくても、かつては親分が食事に出かけたり、飲みにいく際、かなりの数の若い衆が、警護の名目でこれに同行するのが慣例となっていた。平和共存路線が定着し、抗争がほとんどない時代とはいえ、万が一、親分がチンピラにからまれて怪我(けが)でもすれば、組織としてけじめをつけなければならなくなる。

相手がヤクザであってくれればまだいいが、一般人だと警察が介入し、ややこしい事態になってしまう。メンツを立てたい気持ちは山々だが、堅気(カタギ)相手の事件はタブー視されており、現実的にはヤクザの側が泣き寝入りする。

こうした社会事情が、溝口敦が定義する反グレ集団――関東連合OBをはじめとする堅気でもなく、ヤクザでもないグレーな集団や、破門・絶縁者で構成された第三勢力の跋扈(ばっこ)を生み出す土壌となっている。

「いまはどこも、取調べが上（親分、組長）まで波及するのを極端に恐れてる。具体的にいえば、トップに対する使用者責任を回避しようとやっきになっている。出会い頭のちいちゃなトラブルで暴力沙汰になったくらいで、組織を動かすことはできない。よほどのことがない限り、殴られた程度で仕返しはできない。堅気相手だったらどうしようもないだろう。いくら悔しくても自粛(じしゅく)だ」（関東広域組織の二次団体組長）

伝家の宝刀である暴力を使いにくい現状では、最初からトラブルに巻き込まれないよう気を配るのが最善である。そのため、それなりの地位にある親分には、後のトラブルを回避したいという〝組織の事情〟によって、平時でも組員のガードが必要なのだ。

また、これは地域に対する一種の示威行為でもある。かなり異様な光景で完全に浮いているのだが、質問してみると当人たちはあまり気にしていないようだ。

反面、概して東京の親分衆は、単独行動を好み、大人数を引き連れて繁華街に出かけるということはしない。

「あれ、嫌いなんだよ。運転くらい1人でできるし、酒を飲むならタクシーなり代行を使えばいいんだ。俺はヤクザだ！……そう周囲に見せつける必要なんてないし、今はそれが逆効果になる。暴排条例で大人数を連れて歩くことが禁止になったのは、ああいった行為が一般人に威圧感を与えることになるからだ」（在京団体組長）

組長がいうように、暴排条例が施行されてから、こういった光景は激減した。実際、10人以上で行動していると、すぐ110番通報されてパトカーが現れる。

「通報があれば、たとえ飯を食ってるだけだと分かっていても、出動しなきゃならねえんだろう。サツも大変だろうとは思う」（同）

ある親分と赤坂で飲んでいた時は、3人の芸能人、2人のプロスポーツ選手も一緒だった。店は貸し切りとなっており、六本木の有名中華料理店でフカヒレを食べた後だった。食事の際は個室を2つ取り、それぞれ別の部屋に暴力団と芸能人が座った。

『FRIDAY』などの写真週刊誌対策らしい。

お互い別々に店を出て、赤坂で合流したわけだが、警察は店の近くに停めてあったヤクザの車を発見して急行したらしかった。パトカーが来た後も、ヤクザたちは慌てることなく、1時間ほど歓談し、1時間ほどカラオケを歌い、ビルの裏口から脱出した。芸能人らはそれぞれ時間をずらし、1人ずつクラブから退去した。

飯を食ったらパトカーが来るという程度のことは、現代ヤクザたちにとって日常的な光景である。幸か不幸か、逮捕の瞬間を目にしたことはないが。

わずか3カ月間に200人とメシを食った計算に!?

話を元に戻そう。

ボディガードたちが食事に同席するかどうかはケース・バイ・ケースで、親分の考え方に左右される。毎回、若い衆にも同じ食事をさせる人もいるし、カウンターで簡単な食事だけを与える人もいる。雨だろうが寒風の中だろうが、入口に立たせておくだけの人もいた。ボディガードの遵守事項に「お客さんから同席するよう言われても、絶対に断るよう」と書き記している組もある。

「同じ席で一緒に飯を食うのは気を遣う。神経をすり減らす。だったらコンビニの握り飯のほうが気楽だ」

とあるボディガードはそういうが、こんな時は気になってしまい、食べた気がしない。早く食事を終わらせることしか頭に浮かばず、だったら断ればよかったと後悔する。

食べずとも店に入る、という場合はともかく、車で待機し、姿を見せないボディガードを正確にカウントするのは難しい。そのため、あくまで店に入り、たとえ別の場所であっても食事をとった人数だけを対象とすることに決めた。

結果を合計すると、6年前から取り始めた統計分だけで470人と飯を食った計算になる。複数の場合はあくまで最低人数で集計したから、実際のところ500人は超えているだろう。そのため、この文庫化にあたりタイトルを500人に変更した。細かい数字にこだわっても、あまり意味がないと思ったからだ。

当初、300人としたのは、複数のヤクザと同時に飯を食った時を考えてのことだった。それは相手が2人という場合に顕著に現れる。

【2人】で圧倒的に多いのは、親分&運転手というケースだ。この時、取材対象になるのはあくまで親分で、こちらに若い衆と話したい欲求はあっても、親分を無視するわけにはいかない。だから実数としての【2人】は、実質【1人】を対象にした取材を意味している。現実問題、運転手役の組員とは必要最小限の会話しかできないわけで、統計上、2人と飯を食ってはいるが、これを2人にカウントしていいのか悩む。

大人数の場合は、組織を取材した時で、相手が飯に誘ってくれるケースである。また前述のように新年会といった宴会なども含まれる。この場合、食事の場にはべらぼうな人数が集まる。まともに話をできるのは親分を含め2、3人がいいところなのに、これをまともにカウントするなら、私は昨年初頭の3カ月だけでもう200人のヤクザと飯を食っている。

最も問題なのは、同じ親分と複数回というケースだった。これがけっこう多い。1人の親分と10回飯を食ったとして、これを10人とカウントしていいものか……。当初はこの部分がひっかかり、300人という数字に落ち着いた。この300人という数字は、それぞれが別のヤクザという意味だった。

多めの数字を選定し直したわけだが、そう大きなズレはないと考えている。

見栄っ張りだから「高いものが美味しいもの」

食事に限定されるため、残りの集計はあと2つである。

〈それにしても、こんな統計にいったいなんの意味があるのだろう?〉

と自問自答してしまうが、マニアの自己満足とはこういうものである。もともと雑誌で特集などができればいいと思って始めたもので、まさか後々書籍のタイトルになるとは思わなかった。献立、予算など、調べられることはもっとあったと悔やまれる。店には迷惑だろうが、食べログなどを活用しても面白かったと思う。

それはさておき、残りの2つを集計する。

●外食か部屋食か？
【外食】１３７回
【部屋食】37回

外食が圧倒的な数になったのは、私のような取材者はあくまで〝お客さん〟として分類されるからだ。これをもってヤクザのライフスタイルを「外食ばかり」と断じるのは短絡である。ヤクザ記事の大半はこうしたやり方でヤクザをデフォルメし、イメージを再構築する。嘘ではないが真実とはかけ離れているヤクザの虚像は、こうした手法で作られる。

外食の場合、代金をこちらが負担したのは、全体の3分の1をちょっと超える程度で、圧倒的にご馳走になることが多かった。本来は毎回、全額こちら持ちが筋だが、親分となれば対外的な見栄もあって、我々のような取材者に食事代を払わせるのは恥となるらしい。勝手に払って、叱責されたこともある。逆ギレだと思うが、「メンツを潰す気か！」と怒鳴られれば、引き下がるしかない。大抵はすでに店側から「代金はもらわないようといわれてます」と断られる。再三お願いしても、店は料金を受け取らない。

だったら割り勘にすべきだが、割り勘という概念はヤクザにないという。「男伊達を標榜している以上、そんなことはできない。だったら食事に行かないほう

がいい」（指定暴力団幹部）

相手が予想外の大人数の場合、こちらが払えないほど多大な出費となってしまうので、やむを得ない側面もある。が、すべての場面でヤクザ持ちというのはいただけない。取材をさせてもらっているのに相手が払うというのは、一般通念上おかしい。ヤクザ取材において踏み越えてはならない一線は、このあたりにある。親しく話して精度の高い情報をとりたいのは山々だが、ときには食事を辞退することも必要だろう。

組織取材の後、食事に誘われる時は、例外なく高級店に連れていかれる。安くて美味(うま)い店に呼ばれたことは一度もなかった。こうした場合、実際の味覚――美味い、まずいは関係ない。名の通った有名店で接待したことが、ヤクザにとっては大事な要素で、これが組織・親分の威光に繋(つな)がるからである。

これはまた「いい記事＝ヤクザにとって都合のいい記事」を書いてほしいという間接的な要望でもある。地方都市の場合、地元の特産品を出す店というケースが大半だ。まずいはずはないが、大抵、味など分からない。どんな高級店での食事よりも、気の置けない友人と食べる牛丼のほうが美味い。

ときどき、気に入った店に巡り会うこともあった。他の客の様子などから値段を判断し、無理をすれば自分でも払えそうだと思ったときは、個人的にそこを利用した。が、同じ店で同じ品を頼んだのに、出てくる料理にかなりの差があって驚かされたことがある。チップをはずんでいるのか、普段から贔屓(ひいき)にしている客へのサービスなのか、暴力団の看板が影響しているのかは判然としない。

高級店という志向は、いいものを食いたいというシンプルな発想から生まれている。店の選定をみると、ヤクザが食事にこだわっているのは事実だろう。料亭や誰もが知っている高級店でご馳走になったことは数知れない。自称「日本一旨い焼き肉」や「日本一旨い寿司」を、全国でいったい何度食ったことだろう。ヤクザは男伊達の世界に生きるリアリストだ。客人を歓待するためには、世間に定評のある最高に旨い飯を、食いきれないほど用意し、自分の心を具現化するのである。

高級志向ということでいえば、かつて面白い例が神戸にあった。

地元の裏名所になっている山口組本家のすぐ近くにあったうどん屋だ。どこにでもある普通のうどん屋なのだが、定例会になると全国から直参組長が訪れるため、ここには「上カレーうどん」という名物メニューがおいてあった。試しに食べてみたところ、たしかに美味いのだが、値段もごく普通で、特別豪華な食材を使っているわけではなかった。しかし、〝上〟の一字が見栄っ張りなヤクザの心をがっちりとらえ、売れ筋ナンバー・ワン・メニューだと店主が説明してくれた。高いものが美味いものということか。

「わしら、娑婆にいる時間が堅気さんより少ないんや。サラリーマンと同じもんを同じように食えまっかいな」

大阪独立組織の某幹部組長がいうように、組織は組員たちの人的犠牲（不法行為を犯した後の逮捕・服役）のもとに成り立っている。ヤクザたちが食欲という人間の根本的な欲望にこだわるのは、ごく当然の話なのかもしれない。

もちろん外食であっても、自分たちだけなら、一膳飯屋やうどん屋、お好み焼きやラーメンということも多いらしい。ヤクザに紹介された地元の安価な店は、実際に出かけてみると例外なく美味い。口コミよりよほど信頼性がある。どうせ食うなら美味いもの――やはりヤクザは食欲という欲望にどん欲なのだと実感する。

意外に質素な事務所での食事

部屋食の場合は大抵若い衆の手作りだ。

担当するのは部屋住みと呼ばれる若い衆で、彼らは基本的に事務所に住み込み、親分の生活全般のヘルプを担当する。掃除洗濯などという家事のすべてに加え、電話の応対や雑務など、24時間仕事に追われる。いわゆる丁稚の見習い期間と考えればいい。元々ヤクザなら誰もが経験する必須の修行だったという。親分の自宅に住み込み、親分の日常生活一般の面倒を見ながら、ヤクザとして大事なカタギとの距離の置き方、上下関係の厳しさを叩き込まれる。

「俺なんて家庭もまともじゃなかったし、少年院ばっか行ってたから、もし部屋住みをしてなきゃ、いまでもテキトーな挨拶しかできないし、礼儀作法なんて分かんない。そりゃあ無茶苦茶やられる。殴られればこの野郎って思う。なかにはただストレス発散で若い衆をぶっ飛ばすヤツもいるしね。でも、口だけじゃ分からない。俺、まともに学校なんて行ってないけど、口で何をいっても、なめられるだけだと思う」（西日本独立団体の部屋住み、当時24歳）

また、四六時中親分と一緒にいるため、家族的な友愛精神も芽生え、盃による擬似的な「親父」は本当の「父親」のような存在になるから、組織の結束も固くなる。

「本家の親分とはほとんど接触はなかったけど、本当に側で世話をしてたら、やっぱり情が生まれると思う。同僚っていうか一緒に部屋住みやった人間とは、かなり親しくなりますしね。いまでもなんか同級生っちゅう感じで……」

親分たちにも、可能な限り一緒に飯を食おうという意識がある。部屋住みの若い衆が作った食事だから、決して豪華なものではないが、ともに食卓を囲むことで絆を深めようとするのだ。首都圏近くの盛り場に本拠を置く広域組織の三次団体は、周囲に多くの飲食店があるにもかかわらず、事務所の奥には大きなテーブルがあり、誰でも好きな時に飯が食えるようになっていた。冷蔵庫には肉や野菜が入っており、組員のなかで料理のうまい人間が、みんなの食事を作っているそうだ。幹部などもときどき顔を見せ、そこで飯を食う。もちろん親分が食うこともある。

「月に何回もできないが、可能な限り時間を作って若い衆と飯を食うように心がけている。そのまま酒飲みにいって、一緒に雑魚寝して……若い衆だって心が繋がってなけりゃ、命を懸けようなんて思わねぇだろう」（広域組織三次団体組長）

が、現在、部屋住みを実施している組織は少数派となった。特に首都圏や都市部ではその傾向が顕著だ。なかには通いで親分の自宅に若い衆を派遣する組織もある。しかし、それはあくまで当番だろう。

その理由は、自宅がそのまま事務所という組織がほとんどなくなり、親分たちが渡世とプライベートをはっきり分けるようになったからかもしれない。また、今の若い衆が自分のプライベートがまったくない24時間拘束に耐えられないという現実的な側面もある。そんなことを強いれば、若い衆はすぐ逃げていってしまうのだ。が、部屋住みが組織の団結力を高めるだろうことは、疑う余地がない。カタギの会社のようなヤクザ組織に、大きな喧嘩などできるはずもないだろう。

部屋住みが作る食事は朝食が中心だ。

「朝飯はみそ汁に焼き魚、飯があれば充分」（独立組織組長）

実話誌的には毎晩、脂の乗った大トロを食べて、血の滴る霜降り和牛のステーキを食っているほうが記事になりやすいが、そういった例は存在したとしてもかなりの例外である。接待で豪華な食事をとっているせいか、部屋住みの若い衆が親分に作る飯はごく普通だ。

とはいっても、食卓に乗る梅干しが1個1000円の宮内庁御用達の品だったり、産地から直送された正真正銘の魚沼産コシヒカリだったりするが、見た目には一般家庭の食卓とそう変わらない。

とある代紋頭（指定暴力団トップ）の自宅に呼ばれ、朝食をご馳走になったことがある。その時のメニューは、なんとご飯に具沢山の味噌汁だけだった。この家には専属のコックがいた。ぱっと見は近所のおばちゃんだったから、家政婦と呼ぶのが正しいかもしれない。

親分はもう10年近く、朝食はこのパターンだという。

「朝は米を食わんと力が出ない」

という信念があるといい、そのぶん、ご飯が進むよう、明太子、昆布、梅干しなどには一流品が揃っていた。それらの品数を数えると、14品目もあって、そう考えると決して質素とはいえないかもしれない。

刑務所メシ、それぞれの思い出

他にもヤクザの自宅で朝食をご馳走になったことがある。白いご飯、味噌汁、焼き魚、卵焼き。シラスおろし（なぜか多かった）、昆布の佃煮や梅干し、漬け物など普通の飯。器は豪華で品数も多かったとはいえ、やはり粗食という印象を受ける。

親分のみならず、最近のヤクザたちはびっくりするほど健康志向のため、普段の食事にはとても気を使っているのだろう。健康食品やグッズも大好きで、義理事で集まったヤクザの話を聞いていると、サプリメントやクスリ、病院の話をしている幹部はたくさんいる。ウコンが人気なのは肝臓の悪いヤクザが多いからと思われる。健康食品の業界には怪しげな業者がたくさんいて、シノギの面でもヤクザとの関わりが多く、組の宴席でカタギのタニマチたちと名刺交換すると、必ず1人は健康食品販売業の社長がいる。また、最近の事務所には必ずミネラルウォーターも常備されており、水の販売を手がけているのは不思議なことにみな武闘派だ。儲けが多く人気のシノギだからかもしれない。

健康志向を反映し、肉はほとんど食わないベジタリアン組長もいるし、肉か魚か、といえば、圧倒的に魚派が多い。

「肉は外食だけで充分。家ではほとんど食わない」

と証言するのは、おそらく関東でもっとも多く抗争事件を起こしている組織の幹部である。ただし、麦飯や玄米、雑穀は人気がないようだ。

「いくら健康にいいと分かっていても、あれだけは食いたくねぇ。銀シャリなんていうと古くせぇが、米だけはせめてうまいもんがいい」（広域組織三次団体幹部）

その理由は刑務所の飯を思い出すからだという。娑婆にいるときまでクサイ飯を食いたくないという心情は、なるほど理解できなくもない。毎晩のように高級店で外食する親分たちは、豪華なメシには飽き飽きしている。こうした場に同席すると、ほとんど自分では手を付けず、同席した支援者たちに奨めてばかり、という親分も多い。たしかに毎晩あれほどこってり高カロリーな食事をとり続けていれば、あっさりした食事が欲しくなるだろう。事実、親分たちが自宅でとる普段の食事は、びっくりするほど普通である。

朝食でもう一つ強烈な記憶として残っているのは、2回の殺人事件で30年以上の刑務所経験を持つ親分との朝食だった。

この親分の朝食には、毎回「油味噌」という一品が付くのだ。

「2回の服役とも、熊本刑務所（BL＝再犯で8年以上の長期刑）やった。どうやら沖縄地方でよく食べるらしいんだが、朝食の時、味噌汁代わりに毎回これがついてきてね。刑務所の思い出の味……っていったらおかしいが、私にとって欠かせない1品なんですよ」

切ないエピソードを聞かせてくれたこの親分も、2年前に肝臓癌で他界した。

プライベートの夕食を、代紋頭の自宅でご馳走になったこともあった。普段、ほとんど接することのない家族団らんの場面を見て、家族のありように興味を引かれた。

夕食を作ってくれたのは親分の長女で、食卓には10品以上の料理が並んだ。米も白米と雑穀米が用意されており、家庭料理とはいえかなりの手間がかかったはずである。

この場には親分の長男もいたが、子供たち2人は食事に同席せず、給仕をするためずっとテーブルの側で立っていた。

毎回こうしているのか訊ねたところ、

「生まれたときからこのスタイルで、父親が食べ終わったあと、母と子供たちが食事をとります」（長男）

とのことで、親分の家庭ではこれがいつもの日常なのだと分かった。かなり極端とはいえ、封建時代の父親像を垣間見た気がした。

ヤクザはなぜ焼き肉好きなのか？

冒頭のメモの話に戻る。
最後は献立のメニューで集計した。

●どんな料理を食べたか？
【日本食総合】33回
【中華料理総合】3回
【韓国料理総合】6回
【イタリアン・フレンチ総合】1回
【インド料理】1回
【焼き肉】59回
【ウナギ】6回
【寿司】3回
【ソバ・うどん】9回
【ラーメン】8回

【ファミレス】19回
【ファスト・フード】3回
【家庭料理】15回
【その他】6回

食事の分類には迷った。

連れていかれた店が「無国籍料理」を標榜していたこともあるし、自宅で飯を食う際には、数々の料理が並び、和洋中華折衷となってしまうからである。【焼き肉】【寿司】【ウナギ】は、一般人にとってのご馳走にあたると判断し、別枠にした。

結果は分かったような、分からないような……突出して焼き肉が多いことだけは一種のヤクザ的傾向かもしれない。反対に中華が少ないのは不思議な気がする。

ヤクザはなぜ焼き肉好きなのか？

東京でかなりの勢力を持っている某団体など、取材が終わると必ず『叙○苑』に連れていってくれるため、一時、「もしかして実はフロント企業なのでは？」と、本気で疑ったこともあった。あとあと調べてみたが、もちろん違った。

暴力性をいつでも発揮するためにはやはり肉食なのか？　と、深読みし、ヤクザたちに聞いたところ、「まさかファミレスに行くわけにいかんし、深夜飯を食おうと思ったら焼き肉屋しかないだけ」（広域組織二次団体総長）と、あっさりいわれた。たしかにその時間には大抵の高級店は閉店しており、ある程度見栄の張れる食事は限られているから、なにも「ヤクザは焼き肉が好き」ということではないのかもしれない。が、それにしても、あまりに頻度が多すぎる。どうにか納得できる答えをくれたのは、広域組織の三次団体組長だった。

「目の前にドバッと皿が並ぶからいいんだよ。なんとなく派手な感じがするじゃねぇか。それに焼き肉なら、若い衆と一緒にワイワイいいながら食える。そこにお客さんが混じっても不思議じゃねぇし、まぁ、体育会系には焼き肉ってことじゃねぇのか？」

それでも疑問が残り、取材のたびに「どうしてヤクザは焼き肉が好きなんですか？」と聞いて回った。ヤクザを取材するライターたちのなかでも、こんな間抜けな質問をしてくる人間はほとんどいないだろう。

アホらしいという顔で一瞥されることが続くなか、関西の某組長がこんな回答をしてくれた。

「そりゃあなんてったって、韓国人（正確には在日韓国・朝鮮人のこと）が多いからやろう。自分で焼き肉屋やってるヤクザもようけおるで」

事実、同様にどの団体にも、幹部や組員にはかなりの在日韓国・朝鮮人がいる。正確な統計はないが、１９９８年に週刊誌がアンケートを企画した際、２００人あまりの組員に協力してもらったところ、12％弱のヤクザが在日韓国・朝鮮人だった（うち韓国籍が８割。中国籍はゼロ）。統計学的にみればサンプルの絶対数が不足しているし、地域も偏(かたよ)っているため、参考程度の数字にすぎないとはいえ、在日韓国人の総数は2004年現在60万7148人で、1億2768万7000人の総人口と比較すればわずか0・0047％で、はるかに高率だと断言できる。地域や組織によって差はあるが、ヤクザたちに訊(き)くと、「ざっと2割程度」と答える人間が多い。

シノギとしてのエセ右翼にも、ヤクザ組織同様多くの在日韓国・朝鮮人がいる。在日韓国・朝鮮人が街宣車(がいせんしゃ)に乗り込み、「天皇陛下万歳」と叫ぶ様子はかなり奇怪な光景だが、警察のいう政治運動標榜ゴロに在日が多いのはよく知られた事実だ。

若手組長がファミレスを好むワケ

統計の中に【ファミレス】を作ったのは、若手組長を中心に、ファミレスにまったく抵抗のない人間が増えているからだ。組のため長期刑を務めた組員が出所し、それを迎えるため、四国の某都市のファミレスに全国の友好団体が集まった際は、一種異様な光景だった。もちろん他の店が開いていれば、なにもファミレスなど使わないのだろうが、なにしろ、警察が派手な迎えのできない時間に出所させるため、地方都市ではファミレスしか開いていないケースがある。

ファミリーレストランへの感覚には大きな世代間格差を感じる。年配の幹部たちは、こうした場を「ガキのたまり場。恥ずかしくてあんな場所に行けるか！」と敬遠するが、若手組長たちは暴走族世代のため、かなり役職の高い人間でもファミレスに入る。

こうした出自の親分たちは、かなりの地位になっていてもフツーにファミレスを使うようだ。

暴走族が出現し、そこからヤクザになる人間が現れ始めた当初、ヤクザたちは族出身者をかなり色眼鏡で見ていた。

「厳しい修業を積んだ博徒にとって、好き勝手に暴れ回る暴走族は決して同類じゃなかった。いまは残っていないが、『あんなガキにヤクザが勤まるのか』といわれることも多かったな」（都内で伝説の暴走族といわれた広域組織幹部）

が、ヤクザ特有の偏見を克服し、ヤクザ組織の中核メンバーとなった彼らも、「いまの暴走族は使えない」と、複雑な表情でいう。今と昔でもっとも明確な違いは、地元意識が希薄な点らしい。

ファミレスの多くは24時間営業のため、深夜にもめ事が起きると、他に話し合いの場所がなく、ファミレスが掛け合いの場となったりする。過去には話し合いがこじれ、抗争現場となったこともあった。千葉県のファミレスでは、2人の死者が出ている。埼玉県のファミレスでは、いち早く暴力団排除のネットワークが作られた。

ファストフードで人気なのはドーナツ店だ。いち早く24時間営業をしていたため、これも暴走族時代の名残かもしれない。夜中、突然友達の家に行くこととなり、ミスドのドーナツを買い込む様子はなにやらヤクザらしくないが、それでも私たちが同行すると「ここにあるヤツ全部くれ！」といったりする。劇場型のパフォーマンスで度肝を抜く戦略は、ヤクザの基本といっていい。

ただ一回だけあったフランス料理は、東京・銀座の個室だった。インド料理は東京・麹町の老舗店で、親分と店主とのやり取りから、かなり親密な関係にあることが推測できた。

老舗高級店はヤクザがいなけりゃ潰れてしまう

ヤクザの親分たちは頻繁にカタギの社長連中と飯を食う。

毎晩のように高級店に出かけ、支援者たちと夕食をとっている総長クラスも多い。もちろん、こうした際に出かけるのは高級店ばかりで、たとえば東京の『瀬○奈』『久○衛』に行くと、必ず取り巻きを連れたヤクザの姿を見かける。おそらく、ヤクザがいなければ、こうした超高級店の売上げは激減するだろう。東京湾の花火大会では、ヤクザのタニマチとなっているクルーズ船に、暴力団たちが乗り込み、そこではテレビでよく見る高級イタリアンレストランが主張サービスを行なっていた。招待されたカタギの取り巻きたちは大喜びで、その後、いくつか商談がまとまったそうだ。

私が体験したように、ヤクザたちはどんなジャンルの高級店にも出かけるが、不思議なことにフレンチレストランにはあまり行かない。

「フカヒレを食いに行ったり、ステーキやしゃぶしゃぶ屋なんかはよく行くが、カタギの社長たちとフランス料理を食ったことはないね。どうしてか？　気取ってるから

だろうな」（独立組織の総長）

実をいえばこうした食事は、豪華なメシを食うことが目的ではない。乱暴にいえば、これらはヤクザ社会の勝ち組たちの仕事のひとつだ。たとえばそれはヤクザの主催する異業種交流会だったりする。出会いの演出に高級店での食事は欠かせないが、さりとてあまり肩肘（かたひじ）張った食事だと会話も盛り上がらない。マナーにうるさいフレンチレストランは、こうした場に向いていないのだろう。

個室がほとんどないのもフレンチレストランのマイナス点かもしれない。最近のヤクザたちは、暴力の匂いを極力表に出さないよう心がけており、人前では親分を「社長」と呼ぶなど気を使ってはいるが、個室があれば遠慮なく業界のことも話せるから、なにかと気が楽なはずだ。

「ヤクザは人気商売。（カタギの社長たちと）メシを食うのがわしらのシノギ」

某組長はそう断言した。ヤクザの侠気（おとこぎ）に憧れる人間たちを集め、人と人を結びつけ、そこから生まれる利潤からいくばくかのキックバックをもらう。それが親分たちのシノギなのだ。

もちろん、こうした食事の席が、支援者に対する純粋な接待であるケースもある。ヤクザの親分とメシを食うことは一種のステータスで、こうしてみると、ヤクザには一種、芸能人に似ている部分がなくもない。

具体的なヤクザのシノギは星の数ほどあるが、ヤクザにとってもっとも大きな寄生対象は、日本人の精神土壌にある。ヤクザ的気質に賛同し、ヤクザをかっこいいと思う人間がいる以上、ヤクザは決してなくならないのだ。ネオン街で事業に成功し、あぶく銭を手にした成金が、これまでヤクザを毛嫌いしていたくせに態度を一転させ、気に入ったヤクザに肩入れするのはよくある話だ。

「費用対効果はさておき、あの乱暴者を飼い慣らしているという充足感・ヤクザとの円滑なパイプは一種のステータスで、これがたまらなく虚栄心を満たすわけよ」(自ら積極的にヤクザと交流する歌舞伎町の商店主)

実利的な側面以上に、無料奉仕に近い形で金銭提供をしている企業主も多い。彼らは基本的にヤクザの個人的ファンクラブのようなもので、いってみれば相撲のタニマチのような存在だろう。

とある飲食業者は、都内の某組長に都合4億円あまりの金銭を提供したことがあったらしい。好きに使ってくれというだけで、とりたてて何を頼むわけでもなく、当のヤクザが当惑したほどだったという。

「最初、1億円をぽっと放ってくれた。なにかと物いりだったから、ありがたくもらったけど、結局、数回飯を食っただけ。それからもことあるごとに金をくれるが、いっこうに何も頼まない。もちろんこんないいスポンサーはいないから、それなりに礼節を尽くすし、何かあれば助けになろうと思っているが、幸か不幸かその機会がないわけだ」

もちろんスポンサーが対価を要求するケースも多い。依頼があれば、伝家の宝刀である暴力だって行使する。無理難題やクレーム処理、ライバル会社の妨害、資金の取り立てなど、暴力を持っているヤクザには希少価値があり、特定の人間にとってはとても利用価値が高いのだ。

その他、ヤクザを直接仕事に使うことはなくとも、金主たちは場面によってヤクザの暴力を利用しているという。

「直接ヤクザを使わなくても、ヤクザがバックにいるらしい……という影がチラつくだけで、仕事が有利に進むときがある。最近、ようやくヤクザと関係があるとまずい、という意識が浸透したが、業種によっちゃ、いまでもヤクザの威嚇力が、金を生み出すもとになりうるから」（建設業界の社員）

バブル以降、ネオン街の成金たちに加え、かなり大きな会社がヤクザのスポンサーとなった例がある。

一緒にメシを食うのが人たらしの基本

こうした資金を元手に、ヤクザは表経済に進出している。ヤクザは儲け話に敏感で、利益が上がると見込めばどんどん企業に投資する。当然、ヤクザマネーは通常の銀行などから借りるより高くつくが、巨額の金をすぐに調達してくる闇の金庫に群がる企業家は後を絶たない。最近では会社乗っ取りもよく聞く話で、ヤクザの先鋭化・巧妙化が問題になった。が、実をいえばヤクザのM&Aの手口は単純明快だ。
「株を買い占め、ヤクザがこんなに大きな株主じゃまずいだろ。イメージが悪くなるだろと脅して、数倍の値段で買い取らせる。これが一番てっとり早い」（都内に拠点を持つ独立団体幹部）
自分たちが持つマイナスイメージを逆手にとった商売はなにやら自虐的であるが、それでもこのやり方は馬鹿にならない利益を生むらしい。株の場合ならインサイダー取引が基本。人脈を駆使し、儲け話をかぎつけることができれば、あとは資金さえあれば誰にでもできるから、この程度で知能犯とはいいがたい。
しかし、ヤクザたちは一種独特な嗅覚を持っている。投資先の人間に悪事の匂いがあれば、それを敏感に察知し、いつの間にか共犯者に仕立ててしまうのだ。金の匂いをかぎつけたとき、ヤクザは非常に行動的で、どんどんそこに資金を投入する。当然、お近づきになる第一歩は、一緒にメシを食うことだ。
「一緒にメシを食い、酒を飲み、女を抱く。これが人をたらし込むときの基本」（広域組織三次団体幹部）
ヤクザから食事に誘われたら……一度ゆっくり自分の仕事や立場を考えてみるべきだ。ヤクザの求めている利益に直結している業種なら、用心しすぎるということはない。
最初はメシを食うだけの友達であっても、付き合いを続けていくうち情に絡め取られ、共生者の１人になってしまう。気がついた時には引き返せなくなっており、自分だけは大丈夫と高をくくらず、最初から付き合いを遠慮するのをオススメする。

突撃！ ヤクザの晩御飯

冷麺のためだけに韓国まで自家用機を飛ばす!?

「これが俺の愛機だ！」

渡されたテレホンカードには、小型セスナ機と満面の笑みを浮かべた親分の姿が印刷されていた。パイロットらしき格好はまったく似合っておらず、コスプレのようである。いまから15年前、バブルははじけていたが、いまに比べればまだまだ景気はよかった。暴対法が施行され、ヤクザたちにもこれまでにない危機感はあっても、繁華街のあちこちにヤクザがあふれていた。

「今度、冷麺を食いに韓国まで行くんだ」

「そのためだけ、ですか？」

「そうだ。贅沢（ぜいたく）だろう」

まさかと思ったが、当時のヤクザには金も勢いもあった。写真を撮りたいとお願いすると快諾（かいだく）してくれた。

数日後、空港に着くと若い衆が出迎えてくれ、親分の愛機まで案内してくれた。親分は小さなクラッチバックを開け、パスポートと長財布と各種の薬が入っていることを確認させてくれた。

「さすが親分、やることが粋だねぇ」

「たかだか冷麺食うだけのために、自家用セスナを飛ばす人なんて初めてだよ」

取り巻きの社長連中と楽しげに談笑している。

「じゃあ明日。同じ時間に帰ってくるからよ」

セスナが走り出し、機体が宙に浮いた。夜、韓国から電話をもらった。

「やっぱり本場の冷麺は美味いぜ」

やることなすこと劇場型のヤクザらしい振る舞いだった。あとで分かったのだが、このとき親分が向かったのは国内の別の空港で、そこからジャンボジェットで韓国に向かったらしい。一種のパフォーマンスだが、スポンサーたちにはかなりのインパクトだったろう。ヤクザの親分たちが銀座のクラブで派手に遊び回るのも、そうした振る舞いがカタギの連中にかぶき者としての印象を与えるからで、こうした行為はヤクザとしての器量を底上げしてみせる演出である。

そのへんの板前には負けない

またある関西地区の親分は、スポンサーたちの目の前でこう豪語した。

「これから牛一頭を解体し、今日の晩飯に振る舞うわ」

当時、親分のフロント企業はブランド牛の輸出でかなりの利益を上げており、この日は事業に投資する社長連中を接待するゴルフコンペがあった。ラウンドを終え、シャワーを浴び、中心部の焼き肉屋に向かう。

炭焼きの七輪の周りにずらりと肉が並んでおり、参加者が歓声を上げた。実際、この日に解体された牛なのか、確かめようがなかった。しかし宴席はやたらと盛り上がり、社長たちは「やっぱりホルモンは鮮度やな」と満足げだった。

当時はこうした仰天（ぎょうてん）エピソードに事欠かなかった。親分の通夜の後、二代目が参列者に料理を振る舞う際にも、有名料亭が10人ほどの板前を連れ、寺を来訪したこともあった。都内のデパ地下にも出店している日本料理の老舗（しにせ）で、いまなら暴排条例で完全アウトだろう。他にも、ヤクザたちの食事は見栄っ張りらしく、記事になりやすいものが多かった。かなり後になってからだが、こうした場のエピソードを集めて「ヤクザのまかないメシ」という連載を始めた。

印象深いのはスッポン鍋だ。

「天然のスッポンが手に入ったから食いにこないか？」

声を掛けてくれたのは、業界内で「取材NG」として有名な某組織の親分だった。単なる食事のお誘いだったが、事務所で生きたスッポンをさばくとのことで、急ぎ車を飛ばして事務所に向かった。ヤクザ界の梅宮辰夫との異名を持つこの親分の趣味は、マリンスポーツと料理である。

「腕も器具も、そのへんの板前には負けない」

と豪語するだけあって、事務所内部には大きな台所とダイニングがあった。ヤクザ事務所にはたいてい、簡単な煮炊きができる台所がある。部屋住みの若い衆がいつでも食事がとれるよう、炊飯ジャーにご飯が常備されている組織は多い。しかし、ここまで立派な調理施設を備えた事務所はあまりない。

この組では月に2、3度、親分が作った料理を、若い衆とともに食べるのだという。

「若者たちと一緒に手作りの飯を食うのがヤクザの基本だ」と親分はいう。

自ら包丁を持ち、スッポンを解体していく様子はプロっぽかった。1時間ほどでテーブルにはスッポンのほか、野菜や和牛が並び、香の物も綺麗に盛りつけられた。凝り性なだけに、器も高級品ばかりで、後片付けをする若い衆の緊張した顔が印象的だった。

この日の献立は以下のとおりである。

前菜（キュウリの酢の物、キムチ）、スッポンの唐揚げ、スッポン鍋（野菜はエノキダケ、白菜、レタス、シイタケ、ネギ。豆腐は木綿）、大量の大根おろしと、漬け物寄せ合わせ（たくわん、カブの奈良漬け、コンブ）、しゃぶしゃぶ用に米沢牛のロースと沖縄産アグー、ご飯は三田米（皇室献上品）、デザートに萱場梨（福島県産）である。

この他、海辺のコテージを貸し切ってバーベキューをしたり、かなり派手な写真が撮れた。

まる一日かけ、離島の別荘——小笠原諸島まで出向いたこともある。そんな場所にバカンスに出かける親分がいるなら、ぜひとも同行したいと懇願した。そこにヤクザがいるなら、私の取材は成立する。ホエールウォッチングにトローリング、豪華な休日を期待していったところ、非常に質素で驚かされた。

島で何をするのか、といえばアジ釣りである。あとはなにもせずにゆっくり過ごす。ロハスなライフスタイルはヤクザ社会にまで浸透したのか？　と思ったところ、理由はまったく別のところにあった。完全に隔離されたこの島では、たとえヒットマンがいたとしても、すぐその存在がばれる。よしんば襲撃に成功したとしても、次のフェリーまで逃走することはできない。つまり離島こそ、ヤクザが心からくつろげる場所といっていい。安心して命の洗濯をするため、わざわざこの島を選んだのだという。

半日がかりのアジ釣りは大漁で、そのアジを若い衆が半日がかりでさばき、晩飯は豪華なアジづくしとなった。刺身、なめろう、竜田揚げ、開きも自家製である。それだけでは味気ないので、大量の寿司飯とネタ、ポテトサラダなどが用意され、大人数での宴会が始まった。南国だけに、用意された酒は泡盛（あわもり）の古酒で、これを運ぶためだけに、専属の若い衆が用意された。

同じ屋根の下で寝て、同じ釜の飯を食う。これがヤクザの絆（きずな）を生むのだと実感した。

メシが喉を通らないヤクザの宴会

「娘の運動会に来ねぇか？」

ある組長に、そう誘われたこともあった。

「おもしろいもんが観られるぜ。いろいろ参考になるんじゃねぇかな。それに俺たちが食う普段のメシを取材してるんだろう？」

当日、近郊の駐車場にバイクを停め、歩いて向かった。学校の周りでは明らかに刑事と分かる数人が、こちらを監視していた。組長はいなかった。暴力団排除運動で来られなかったのだ。

暴力団をどうやって、どこまで排除するか？　それは警察の担当者のさじ加減で決まる。来年、担当者が変われば、組長はまた娘の運動会を観られるかもしれないという。

そんな大人の事情などかまわず、子供たちは楽しそうだった。ヤクザの子供も警察の子供も、一生懸命、競技をしていた。

昼休みの弁当は思ったより普通で、懐かしいお袋の味がした。量や品数は多いだろうが、一般家庭のそれと変わらない。

「全部手作りなんですよ」

姐さんは照れくさそうに言った。〝普通〟を改めて確認できただけでも、取材の成果はあっただろう。献立は鶏のささみの梅肉巻き、インゲンとニンジンの肉巻き、鶏の唐揚げ、肉団子、かまぼこ、ヒレカツ、エビフライ、エビ・イカの煮付け、野菜の煮物（カボチャ、ジャガイモ、ニンジン、レンコン、シイタケ）、おにぎり3種（混ぜ込みワカメ、混ぜ込みワカメと鮭、梅干し）など、どの家庭にもありそうな幸福が詰まっていた。

それとは反対に、ヤクザの宴会はまったくくつろげない。自由奔放……世間が考えるアウトローのイメージからはほど遠い。こうした光景は新年会だろうと事始めだろうと、襲名披露だろうと変わらない。たいてい、コンパニオンたちが呼ばれるが、あちこちお酌をして回り、幹部クラスと世間話をする程度の賑わいしかない。だいいち宴会なのにスーツでくつろげるはずがない。

なぜ盛り上がりに欠けるのか？

それは親分がいるからである。

絶対的な権力者が同席する場で、羽目を外せるワケがない。下手なことをしでかせば破門・絶縁となりヤクザ生命が終わる。実際、カラオケが始まり、つい調子に乗って重鎮の十八番を歌った組員が怒鳴られている場面を見たことがある。理不尽だ。これこそまさにヤクザの世界だ。

「ビール1杯くらいは飲むけど、あとはウーロン茶だな。自分の親分もいるし、普段話をしたこともない会長も来る。そんな場所で酔っぱらえるわけねぇ」（この宴会に出席した30代の若手組長）

考えてみれば、こうした宴会は組織にとっての行事であり、仕事の一貫である。全員で同じ場所に集まり、ぼんやりとした帰属意識を確認し合うことが目的で、それ以上に突っ込んだ人間関係を形成する必要はないのだろう。

だからこうした宴会に出される料理も、案外地味だ。親分や先輩たちが箸を付けないかぎり、末席の組員は何も食べられず、結果的にかなりの料理が残る。ざっと1時間半続いたこの宴会でも、料理の半分が余っていた。ヤクザ社会は、何もかも苦行なのだ。

姐さん手作りの料理をしみじみ

取材を続けるうち、私の興味はヤクザの日常に向けられた。虚飾を廃した素のままのヤクザを観察したくなったのだ。現在、ヤクザの平均月収は、おそらく20万～30万円ほどだろうと推測される。不景気と暴排条例の煽りで、無収入という若い衆もたくさんいる。末端組員の彼らはつつましい家に住んでいる。安アパートに住むヤクザはたくさんいる。

昨年の1月2日は、ある組長の自宅に出かけた。庶民的な自宅は、何もかもが普通だった。玄関先に転がる子供たちの靴、生活感溢れる台所、宴会は寝室にテーブルを置いて行なうという。その様子は一般家庭となんら変わらない。

料理の材料はすべて近隣のスーパーで調達したという。姐さんは子供をおんぶしながら、てきぱきとした仕草で調理を進めていた。まるで友達の家に来たような錯覚に陥る。組員たちが集まってくると、ようやくここがフツーの家庭ではないことを意識させられる。

無礼講の新年会は朝方まで続いた。姐さん手作りの料理は、どれも家庭的で美味しかった。シメに食べたタコ飯は、タコの煮汁を使って色づけしたもので、味も風味も最高だった。特別、高級な食材を使わなくても、これで充分美味い。酒を酌み交わすヤクザたちは、誰もが心底楽しそうだった。嘘偽りなしのヤクザの姿を垣間見た気がした。

ヤクザの経営する飲食店のヒミツ
クーポン誌にも載っている店だが、実はマネロンに使われている

昔からヤクザは自分の女房や情婦に飲食店を経営させてきた。いまでいうフロント企業のはしりで、実際、警察のフロント企業リストにはさまざまな飲食店が実名で載っている。クラブやスナック、居酒屋にイタメシ屋。最近はラーメン店などもよく見かける。

とある広域組織の会長夫人は、かなり以前から都内で居酒屋を経営しており、その筋では有名。インターネットの大手検索サイトにも載っているところで、実際に出かけたところ、値段も安くかなり繁盛しているようだった。歌舞伎町にある某組織の愛人が経営するクラブも、ごく普通の店である。料金も相場より安く、固定客も多いようで、『Ｈｏｔ Ｐｅｐｐｅｒ』のようなクーポン誌にも、ヤクザの経営する飲食店がたくさん載っている。ヤクザの経営する店は、びっくりするほどたくさん我々の生活に入り込んでいるのだ。ケーキ屋やコーヒーショップ、老舗の和菓子屋が実はヤクザの経営（どうやら実家らしい）という例もあった。

いくらフロント企業といっても、こうした店はヤクザの代紋(だいもん)によって売上げを伸ば

しているわけではない。味とサービスが悪ければ潰れてしまうわけで、経営手腕に乏しいヤクザが進出したところで、さほどメリットはないだろう。これだけ問題視されても、ヤクザたちはそう気にしていないようで、広域組織幹部はこう断言する。

「フロント企業とばれたところで、それが誰にでも公開されるわけではない。ちゃんとした仕事をやっていれば取り引きしてくれる会社もあるし、自分から接触してくる経営者だっている」

今後も旬の業種を中心にフロント企業の進出がいっそう進むのだろう。

ブラックマネーを表社会に還流

ただフロント企業が経営する飲食店には、一般客をアテにしていない店もある。どういうことかといえば、マネーロンダリングに使われるのだ。

たとえばフロント企業のすぐ側にそうした店をオープンさせ、昼食は必ずそこでとらせるようにする。バーやクラブ、風俗店なども同じヤクザが経営するところを接待に使わせ、どんどん金を落とさせ、資金を洗浄していくのだ。山口組五菱会の闇金事件の際も、こうした手口が裁判で明らかになった。フロント企業の業種が多様化しているのは、ブラックマネーを表社会に還流する目的があるわけだ。

マネロン対策は今後のフロント企業対策の要といってよく、警察庁の組織犯罪対策部にも犯罪収益移転防止対策管理官が設置されている。

「マネロンの監視は、もともと金融監督庁が行なっていました。しかし２００３年６月、テロ対策を強化したいという国際世論の高まりもあって、経済協力開発機構（ＯＥＣＤ）加盟国でつくる『金融活動作業部会』（ＦＡＴＦ）が短期間に高額な現金の出し入れを繰り返す『疑わしい取引』の届け出義務を、金融機関から不動産業者や貴金属商、弁護士、会計士などに拡大することを勧告し、日本もこの『国際基準』に適合させようしているのです。そのため届け出の窓口を、テロ組織の情報を持つ警察にするとともに、届け出義務を負う対象業種を広げる『犯罪収益流通防止法』の成立を目指しています。この法律は、今国会で成立する見通しです（法案はインターネットで見ることができる）」（記者クラブに籍を置く社会部記者）

　この法案では、資金洗浄のための株取引、ペーパーカンパニーの設立や、会社の乗っ取りなども監視の対象に含まれている。ただ、一つ問題となっていたのが、対象業種に弁護士を含めるかどうかだったという。弁護士には監督官庁がなく、弁護士会の自主自立を建前にしているからだ。弁護士会と警察の協議が進められ、一時は弁護士も対象に含めることに合意したが、結局自立権を脅かされるということで反対に決まり、今回の法案には含まれなかった。弁護士は、会社の設立や株式の発行などにも関わるため、警察から見れば弁護士が入らないのは極めて不都合らしく、弁護士会がこの話を蹴るのを決めたときはかなりご立腹だったそうだ。

　いずれにせよ、ヤクザマネーに対する監視が強まることは間違いない。

暴力団お断りの店はどこまで本当か？

ヤクザは最高のパトロンにして最悪の客!?

多くの飲食店に「暴力団お断り」という札がかかっている。ヤクザの巣となっている歌舞伎町のクラブなどでも例外ではなく、キャバクラや居酒屋などの大衆店の入口でも、こうした文言（もんごん）を見つけることができるだろう。が、もちろんそうした店の大半がヤクザを客として受け入れている。実際、ヤクザに連れられ、ヤクザお断りの店に何度も入った。

こうした店の本音は、どこにあるのか？　ヤクザお断りの札は、警察の顔を立てているだけなのか？　その本音は東京と地方都市とで、ずいぶん温度差がある。

ヤクザに対する認識でいえば、小さな地方都市では、役人、警察官、住民など、すべての市民の意識がざっと30年は遅れているといっていい。京都では観光スポットとして有名な飲食店にヤクザの親分から贈られた署名入りの額が飾られていたし、山陽道の風光明媚（ふうこうめいび）な観光都市でも、ごく普通の喫茶店に任侠（にんきょう）系右翼の発行する会報が置かれていたのを見たことがある。地方に出かけると、ごく当たり前の日常生活の中で、東京では決してお目にかかれない光景がゴロゴロあるのだ。実際、地方都市のヤクザ、幹部クラスや親分たちはかなりの上得意で、周囲に細やかな気遣いをみせるため、こうした店がヤクザの悪口をいうことはない。

「たちの悪い客といったらカタギですよ。あの業界の人は決して無理をいわないし、わざわざ混まない時間を見計らってやってきてくれる。ツケなんてもってのほか。いつも明朗会計どころか、余分にもらってます」（中部地方の有名料理店）

ただ、こうした地域でもヤクザが「恐れられ、疎まれ、嫌われ」ているのは変わらず、だからこそヤクザたちの無理が通るのだ。

先日、九州の有名な観光地で、とある組長に取材をした。急なことで夜中の12時に到着したのだが、この組長は観光案内にも載っている市内の有名料理店に電話をかけ、地元の名物を取り寄せ、夜中の晩餐会が開かれた。

「暴力団やないとできん」と、自虐的に笑っていたが実際そのとおりで、ヤクザたちは自分の生存理由をはっきり認識している。そのうえで店に気を使い、アメと鞭を使い分けているのであり、ヤクザ御用達の店は、どちらにしても苦労が多い。

それでも一般的にいえば、ヤクザという客は嫌われ者だろう。本来、ヤクザのようなややこしい客を歓迎する店など皆無である。現実には絵に描いたモチであっても、飲食店やバーにある「暴力団お断り」の札は本音だ。

「最初はよくても、じきに無理難題をいってくる。『あの人はヤクザだが、ヤクザにもいいヤクザと悪いヤクザがいる』なんて甘く考えていたら、すぐつけ込まれるね。

無尽（講）やチケット購入を迫られるようになり、気づいたときにはもう遅い。20年近く店をやってきたが、いいヤクザなどいなかった。カタギを食いもんにしようと思っているヤツばっかりで、触らぬ神にたたりなし、が一番」（歌舞伎町の飲食店経営者）

VIPルームはヤクザ専用の檻

が、不景気が続く状況では客を選んでもいられない。場数を踏んできた経営者が実経験から摑んだ「強面を上手にあしらうテクニック」は、なるほどヤクザ心理のツボをついたもので、感心させられることが多い。

たとえば、ヤクザが大好きなＶＩＰルームにしても、店から見れば体のいい隔離だ。

「どれだけおとなしくしていても、やっぱり普通の人たちから見ると、ヤクザが側にいるだけで怖い。最近はヤクザに見えないヤクザが多いとはいえ、お付きの若い衆をともない、こうした店に飲みに来る姿はやっぱり異様ですよ。ケース・バイ・ケースだけど、お客さんにそういったことを気にする人が多い場合、入口からそのままＶＩＰルームに案内する。正直、うちの店のＶＩＰルームはヤクザ専用の檻みたいなもんです」（都内の盛り場にある某クラブの支配人）

一般客と同席する際、ヤクザたちは「親分」を「会長」、「組長」を「社長」と呼び変えるなど、周囲にそれなりの気を使っている。が、ＶＩＰルームなら思う存分会話もでき、おまけに部屋代の名目で一般客より高い勘定を請求できるのだから一石三鳥である。

　ヤクザの側もこうした事情は重々承知らしい。

「最初VIPルームに通されたとき、自分の貫禄が認められたような気がして、正直嬉しかった。でも店内がガラガラで、たまにはホールで飲みたい気分でも、毎回VIPルームに通されりゃ、さすがに自分が好まれざる客なんだと分かる。馬鹿馬鹿しいとは思ったが、いまでは相手とのやり取りを楽しんでいる。その程度の余裕がなきゃ、ヤクザの夜遊びは極められない」（独立組織総長）

　まるで狐と狸の化かし合いだが、ネオン街での豪遊はヤクザのシノギの一環で、やめるわけにはいかないという。

「馬鹿を演じなきゃ人気は出ない。飲み食いは一種のシノギだな。毎日外で飯を食うのはけっこうしんどいし、飲み屋にいったところでたいして面白いとは思えないんだがね……」

　実際、高級クラブで大きな仕事が決まることは少なくないようで、毎夜、イキに札束を切っていれば、いずれそれ以上の金が舞い込んでくるという。ヤクザの存在は人間心理の面白さを我々に見せてくれる。

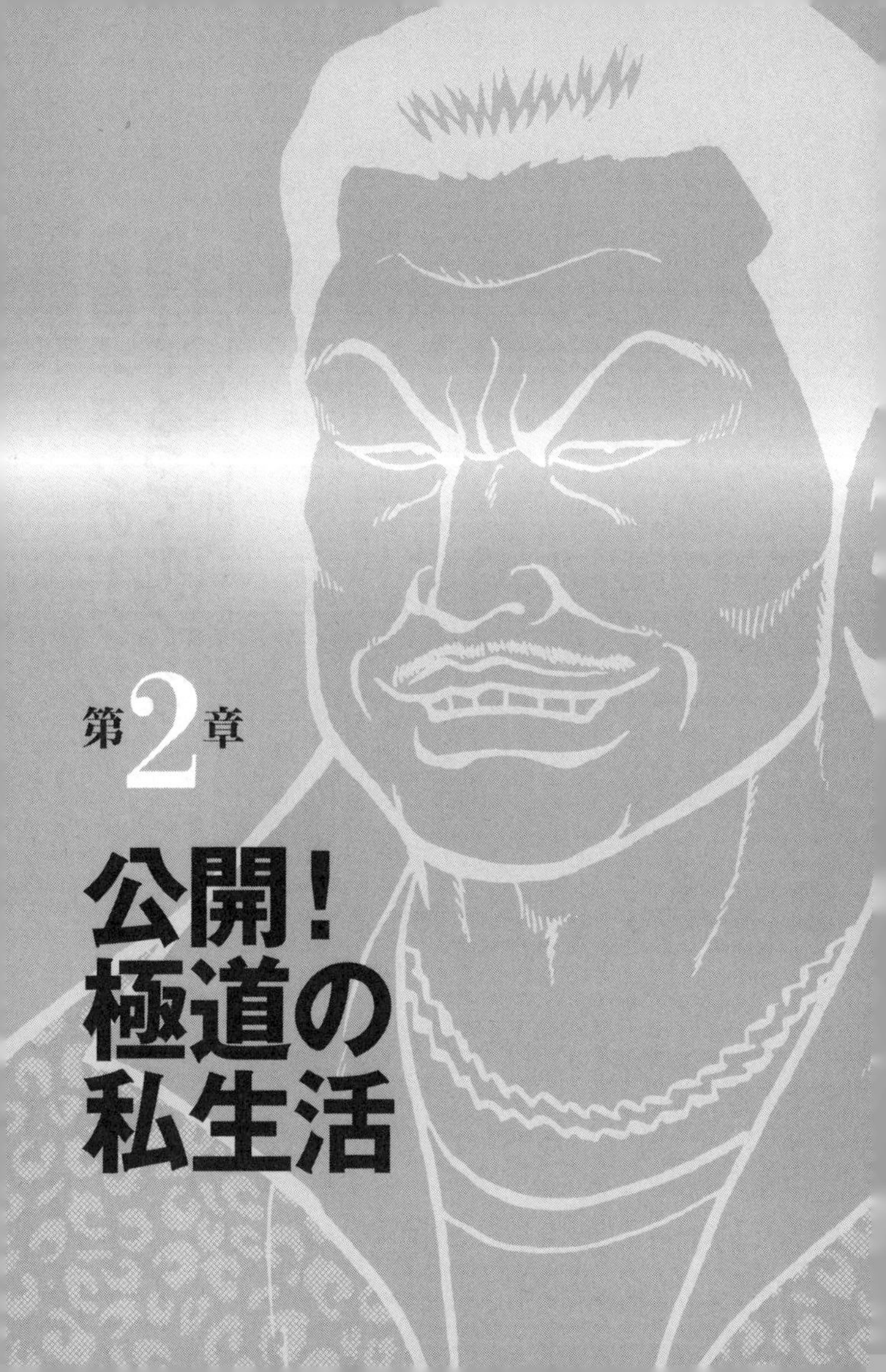

第2章

公開！極道の私生活

健康オタクのヤクザが増えてるってホント？

「歩け歩け大会」に出場した某組長、ヤクザ社会の「点滴信仰」

最近のヤクザたちは、びっくりするほど健康志向である。

覚せい剤の使用で〝幸せの前借り〟をしたため、一般人より平均寿命が10年は短いし、毎日ストレスの溜まる生活を送っていることもあって、かなり若い年齢のヤクザでも、健康オタクになってしまうらしい。

一時、歌舞伎町の某組長が早朝のウォーキングを始め、組織内で、それがちょっとしたブームになったことがある。

最初は、それぞれ別の場所を歩いていたのだが、どうせ歩くなら1人より仲間と連れだって歩いたほうが楽しいということになり、毎朝6時になると、歌舞伎町の某マンションの前に、ぞろぞろとヤクザたちが集まるようになった。

高級ブランドのジャージに身を包み、揃って汗をかく光景は、Tシャツの生地から透けて見える刺青を除けば、一般人のそれと変わらない。

ただし、すれ違う通行人の様子を見ていると、かなりドン引きだったので、やはり異様な光景だったのだろう。

組織を越えてブームは広がり、しまいには友好団体を集め、新宿から青梅（東京都青梅市）までの「歩け歩け大会」に出場するようになった。

晴天の日曜日、大会の当日に青梅街道を車で走行していると、見たことのある強面たちが集団で歩いていることに気がついた。

凝視すると、その先頭にボディガードに囲まれた当の親分がおり、慌てて親分に携帯電話で確認したところ、総勢40人近くで参加したとのこと。

翌年は「お前も一緒にどうだ？」と誘われ、丁重に辞退したのだが、今では参加すべきだったと後悔している。というのも、その年、この親分がヒットマンの凶弾に倒れ、それを契機に各組織に無常観が漂い、いっきにブームが終息したからだ。

胎盤エキスが大人気の理由

とはいえ、散歩を日課としているヤクザは今でも多く、抗争まっただ中の親分と一緒に歩くとかなり緊張する。警護も大変なようで、ボディガードの1人は心労と過労で親分以上にみるみる体重が減り、毎日病院で点滴を打っているそうだ。

ちなみに、ヤクザには「点滴信仰」と呼ぶべきものがあり、これも健康志向のひとつといえるかもしれない。シャブを使った際も、点滴をすれば無事地球に着地、検査に出にくいという。

健康食品や健康グッズも大好きで、義理事（冠婚葬祭）の場に参加すると、サプリメントやクスリ、病院の話をしている幹部はたくさんいる。
胎盤エキスが人気なのは、肝臓の悪いヤクザが多いからだろう。ただし点滴同様、即効性が好みらしく、どうしても彼らは、一発逆転とか、乾坤一擲という発想になりがちである。だから、本当に効果があるかどうかはともかく、毎日、地道に飲むものより「これ1錠で万病に効く」というサプリメントが人気だ。

かたや、健康食品の業界には怪しげな業者がたくさんいて、ヤクザとの関わりが強く、組の宴席で、カタギのタニマチたちと名刺交換すると、健康食品販売業の社長が必ず1人はいる。

また最近は、ほとんどの組事務所にミネラルウォーターが常備されており、水の販売を手がけているのは、不思議なことにみな武闘派だ。儲けが多い人気のシノギだからかもしれない。

毎年、玉川温泉（秋田県にある岩盤浴で有名な場所。多くの湯治客がいる）に出かけていた独立組織組長は、自宅と愛人宅の風呂を岩盤浴用に改装した。普通の人間には買えない本物の石材を使っているそうで、友好団体の代紋頭にも、究極の贈答品としてこの石を贈ったという。どうやって手に入れたのかと聞いたところ、やはり非合法手段を用いたようで、詳細は教えてもらえなかった。

ヤクザに人気の美容整形外科

先生、もっと迫力のある顔にしてくれ……なんていう親分も!?

意外なことに、美容整形に興味のあるヤクザは多い。強面（こわもて）の顔を和（なご）ませたいのか？それともイケメンになって愛人を増やしたいのか？　某組長が納得できる説明をしてくれた。

「歳をとって目尻が下がると、やっぱり迫力がなくなってくる。ここ一発の掛け合い（ヤクザ同士の口論）が、なかなかうまくいかなくなるからだろう」（独立組織幹部）

もっとも、凶暴（きょうぼう）なオーラを出すのに顔のつくりは関係なく、単に生来の器量不足なのではと勘（かん）ぐりたくなるが、いつまでもヤクザとして精悍（せいかん）な顔つきでいたいという思いは、理解できなくもない。特に団塊の世代から上の年齢は、世代交代の微妙な時期に直面しており、切迫した若返り願望が強いように感じる。この年代はヤクザ組織でも突出して数が多いため、競争が激しく、なんとかしてライバルに差をつけたいと熱望しているのだ。

山口組の某直参（じきさん）組長が、とある美容クリニックのお得意様だと聞き、興味本位で調べたところ、本当にそうだった。ここは芸能人御用達（ごようたし）の病院で、今も大人気の不良ロッカーの大御所も足繁く通っているから、その実績が買われたのかもしれない。

迫力ある顔に整形するなど、普通の客とはまったく違うオーダーで、医者もさぞや困惑しているのでは……と思い、ここの看護婦に訊いてみたところ、

「守秘義務があるのではっきりとはいえませんが、たしかにその業界の人も来ます。特別なエレベーターでまっすぐ処置室に上がり、部屋で会計をすませるなど、かなり気を使いますね。施術は……ニンニク点滴をする人が多く、整形ではボトックスをおでこの皺の間に注射するか、ヒアルロンサンを目尻に注入するくらいで、手術をしてフェイスリフトした人は知りません。ただ、そんなことがあったら、内部の人間にも秘密にするでしょう。実際、その方たちのカルテは特別な場所にあります。医院長が直々に管理しているのです」

若々しさを取り戻したいという願望には、カタギもヤクザもないわけで、何もことさら秘密にすることもないと思うが、やはり「美容整形親分」などという噂が業界で広まったらマイナスだろう。そのため美容を売り物にしたクリニックより、ヤクザは皮膚科に行くことが多い。メンズエステが大流行しているが、ここにもほとんどヤクザは来ないそうだ。都内某組織の若い衆は皮膚科で全身脱毛をした。レーザー照射を行なった看護婦によると、「刺青を入れた部分の毛穴が死んでしまい、バランスがとれないから」と説明していたらしい。ただ、この若い衆の親分はゲイという噂が絶えず、それを知っている当方はどうしても額面どおりに受け取れないのだが……。

親分たちのユニークなストレス解消法

緊張ばかりの毎日だから「癒しの方法」もハンパじゃない

ヤクザの生活は、想像を絶するストレスにさらされている。「ヤクザである以上、いつ殺されるか分からんからな」という大言壮語はともかく、ガチガチの組織人であり、積み上げてきた実績がたったひとつの失敗でご破算になってしまう現実を見ていると、かなりのストレスが溜まることは想像にかたくない。

一般的にヤクザのストレス解消法は、「飲む（酒）、打つ（博打）、打つ（シャブ）、買う（女）」といわれ、基本的には一般人のそれと変わらない。

「多いのは酒や女だろ。朝まで飲んだり、女を抱いたり。あと、よくあるのは博打だろうな。ただし、勝負事にのめり込む親分は金を残してない。ごっそり溜め込んでるのは、賭け事をしないヤクザと思って間違いない。あとは車、カラオケ、書画に骨董。ヤクザだから特別ってことはない。ただ、趣味に打ち込む度合いは普通じゃない。それだけストレスが多いんだ」（関東独立組織二次団体組長）

親分たちのなかには、たしかに変わった趣味を持つ人もいて、度を超した凝り性も多い。

鮫やサソリまで飼う動物愛好家の親分

動物が大好きな九州・某親分の自宅は、まさにアニマルランドだった。最初はヤクザらしく、土佐犬やピットブルなどを飼育していたという。土佐犬はヤクザの趣味としてはメジャーで、実際、土佐犬協会の名簿には有名なヤクザの名がずらりと並んでいる。

だが、この親分、そのうち哺乳類だけでは飽き足らず、サソリや鮫を飼いはじめた。「凶暴」「危険」という観点から見れば、ヤクザのイメージにぴったりのペットだが、大変なのは若い衆である。特に鮫は大のお気に入りで、回遊する様子をゆっくり鑑賞するため、庭にある池から家屋の中まで回遊路を延ばし、床下をガラスに張り替えるという凝りようだった。

どうせ長生きしないだろうとタカをくくっていた若い衆の〝希望〟をよそに、鮫は毎日元気いっぱい。若い衆は、池の掃除をするたびに生傷が増えていった。

その後、鮫には飽きたようで「唐揚げにして食った」とのことだが、当時、鮫のいる池の掃除を見せてもらったことがある。悲壮な顔つきで池に飛び込む若い衆には申し訳なかったが、まるで「世界びっくりショー」のようで、親分につられてつい大笑いしてしまった。

サソリに至っては、逃げ出すと大パニックになったという。一度、警察のガサ入れの際、御大がすべてのサソリを家に放ったことがあり、捜査員の追い出しには成功したが、それを回収しなければならない若い衆は、顔面蒼白だったらしい。

　ペット好きのヤクザは多く、最近では、趣味が高じてペットショップを始めるヤクザもいる。あるヤクザが経営するペットショップは、動物大好きなだけに、そのへんの店よりも健全経営。ただし夏場になると、長毛種の犬をバリカンで丸刈りにしてしまうので（長毛種は本来、日本の気候には馴染まない）、お客の評判はあまりよろしくない。

　ただ、ペットショップを手がける大半のヤクザにとって、動物はあくまでも商品。ほとんどはいい加減な店だ。最近ではキャバクラ嬢や風俗嬢をターゲットにした店が流行しているのを知り、ヤクザらしく、強引に割り込み開業しているところもあるから、要注意だろう。

愛人を集めてバンドを結成した親分

　音楽好きが高じて、自身で作った詩にメロディをつけ、レコードデビューしてしまった広島の親分もいる。お世辞抜きにいってもプロ顔負け。とはいえ、いくら玄人はだしでも、売れる、売れないは別問題。地元の有線放送ランキングではかなり上位に食い込んだが、その裏では、親分に隠れ、リクエストの電話をかけまくる若い衆の努力があったとも聞く。

愛人数人を集めてバンドを結成した組長の場合、当人はいたくご満悦だったが、これまた愛人の間ではかなりの暗闘があったようだ。

最近の流行は写真だろう。デジカメの普及でいっきに人気が出たようで、当方が義理事の取材で撮影していたところ、カメラマニアが集まり、その場が臨時写真講座になったこともある。

「カメラを手にして駆け回ると、なにやらハンティングしているような気分」(九州の某組長)とのこと。毎日のように世の無常に接していると、なにげない風景も心に染みるらしい。「もう金で買えるもんには感動せんようになった」(同じく九州の某総長)という意見もあって、なにやら現代ヤクザの悲哀を感じてしまう。

ともかく、こういった文化系の趣味は、若い衆にとっては苦労が少ない。体育会系でもゴルフやジェットスキーならまだいいが、スキューバダイビング(九州独立組織組長)、バンジージャンプ(関西広域組織幹部)、スカイダイビング(飛行機免許を持っている在京団体親分)となると、それに付き合わされる若い衆の苦労には並々ならぬものがある。親分の命令は絶対。一緒にやれといわれれば、どんなときでも「ノー」とはいえないからだ。

ヤクザとオカルトの奇妙な関係

Dr.コパの開運グッズを置く組事務所も

なぜだか分からないが、ヤクザの多くが手首に数珠を巻いている。正確にいえば、数珠のようなアクセサリーで、和風テイストも感じられてなかなか格好いい。雑談の最中、大阪の親分にその理由を聞いたのだが、「そんなヤツおらんで」と否定され、若い衆を集めてもらったところ、やはり数人が腕に数珠をはめていた。どうやら20〜30歳代を中心に流行っているようで、なかには数十万円という高級品もあるらしい。

いろいろ聞いて回った結果、どうやらファッションアイテムというよりゲン担ぎのようで、生まれた年によって、守り本尊ならぬ守り石があるのだという。「博打用」「シノギ用」「抗争用」と、用途に合わせて数珠を取り替える場合もあり、うっかり忘れたために余計な懲役が増えたと真剣な面もちで述懐したヤクザもいた。客観的に見るとかなり眉ツバなのだが、日々、不条理に接していると、自然と神仏の存在を信じるようになるのかもしれない。

そもそも、ヤクザの多くは博徒だから、ゲンを担ぐ者は跡を絶たない。車のナンバープレートで「9」が人気なのも、この数字が花札でいう〝カブ〟だからである。

また、とある山口組系組長は、自身の経験則から「午後3時に風呂に入らないと不幸が訪れる」とかたくなに信じており、寄り合いがあろうと義理事があろうと、その時間には必ず銭湯に出かける。同じ組織の幹部たちから批判が続出したが、今では誰もが観念しているそうだ。公衆浴場は差別厳禁で、刺青を理由に入場を断れないため、全国どこに出かけても重宝するらしいが、田舎町には銭湯のないところも多く、組長のベンツには全国温泉マップが数冊あった。

ヒットマンたちが必勝祈願に有名神社を訪れることもある。三代目山口組・田岡一雄組長を銃撃した大日本正義団の鳴海清も、襲撃の前、近くの神社で祈祷(きとう)を行なっている。筆者はヤクザからお歳暮(せいぼ)やお中元(ちゅうげん)をもらうと、お礼に清水次郎長の生家で売っている博打のお守りを贈ることにしている。たった100円の品物だが、現地でしか買えないものだから、なかなか好評だ。

風水に凝(こ)るヤクザも多い。関西の某御大(おんたい)は、麻雀の際、決まった方角(東南)にしか座らない。事務所の玄関にDr.コパの開運グッズを見つけたときはさすがにずっこけたが、人知の及ばない不思議な力を信じるヤクザは多い。

「わしら在日韓国・朝鮮人には『拝み屋のおばちゃん』を信じてるヤツがようけいる。とある組は親分が韓国人で、人事をこのおばちゃんが決めておるようや」(韓国籍の山口組系組員)

異常なゲン担ぎの様子を目の当(ま)(あ)たりにしていると、彼らのオカルティックな趣向を、完全には否定できない気分になる。

ヤクザに休暇はあるのか?

極道だって家族サービスもしたいし、自分の時間も欲しい

ヤクザは24時間365日営業である。なかでも部屋住みは無休で、九州の某組織の部屋住み班長は、もう5年も休みをもらったことがないそうだ。部屋住みというのは、文字どおり親分とひとつ屋根の下で寝起きし、身の回りの世話をしながらヤクザのイロハを学ぶ制度。ようは丁稚奉公をかねた修業期間ということで、数年ほど休みがなくても仕方がないのかもしれない。

もっとも、さすがにこんな例は珍しいようで、よくよく話を聞いてみると、

「親分は、盆暮れくらい親元に帰って孝行してこいとはいってくれますが、我々の仕事は親分の生活全般すべて。仕事がなくなるということは現実的にはない」

ということだった。組織によっては年に数度、月1日程度の休みはもらえるらしく、これにはかなりのばらつきがある。

「自分の後に30人近く入ったけど、誰も残っとらん。自分の次に古い人間で2年数カ月……その次が1年ちょっと。辞める人間は、朝起きると突然いなくなっていることが多いです。見込みのありそうなヤツがいなくなることは、たくさんあった」(冒頭

の部屋住み班長）

親分が休めといっても、仲間のことを考えるとそうもいかず、やはり現実的には、ほとんど自由な時間などないだろう。また、休みがあっても金がなく、どこにも遊びに行けないと嘆く部屋住みもいた。

「夜にこっそり飲みに行ったりすることもありますけど、なにしろ金がないですからね。親分や兄貴たちからもらう煙草銭じゃ、休みをもらったところでどうしようもない」（渡世入り後、2年目となる部屋住みの若い衆）

わがままな親分のずっこけるような頼みごと

部屋住みを卒業していっぱしの兄ィになれば、それなりに金は稼げる。だが、年中無休は変わらないという。さすがに毎日事務所に顔を出さなくてもいいが、日常生活のすべては組織が優先で、何かあったら、すぐに駆けつけなくてはならないからだ。

「自分でシノギのスケジュールを管理できれば、休みだって取れる。だが、完全なオフってわけにはいかない。抗争が起きたら『自分は海外旅行中なもんで』という言い訳など通らない」

それに親分にはわがままな人が多く、とんでもない用事で招集がかかることもある。とある幹部の体験はあまりにも悲惨だった。

シノギで地方に出かけていた際、親分から「すぐ戻れ」と電話があったため、押っ取り刀で駆けつけると「バナナ買ってきてくれ」といわれたのだ。

「すべての用事を放りだし、高速道路をカッ飛んで帰ってきたのに……さすがに倒れそうになったね。それだけ信頼されてるんだと自分を納得させたが、正直いって辛かった」

ただそんな親分でも、夏休みの時期にはわがままを控えるらしい。実際、この時期は義理事（冠婚葬祭）が極端に減少し、襲名披露や兄弟盃などの祝い事を行なう組はほとんどない。長期休暇を取るヤクザもいる。

「本来、義理ってのは、時期を予定できないものだが、やっぱりどの組織も、この時期に義理事を入れないようにしてるんじゃないか。よほどの火急の用件じゃないかぎり、少しずつ予定をずらして、やっぱりこの時期は避けるようになっている。葬儀ばかりは仕方ないけどな。

俺たちだって家族サービスもしたいし、自分のために、ゆっくり過ごす時間だって欲しい」

とはいえ、実際のところ、役所勤めのように勤務時間がきっちり決まっているわけでなし、プライベートと渡世の線引きは難しい。現実的に「夏休み」を公表する組織もない。

「うーん、そうやなぁ、あるといえばあるし、ないといえばないし、シノギの事情やって個人個人、違うわけやろ。結局のところ、休みたい思うヤツは休むし、休まんヤツは休まんいうことやないのか」

ただ、テキヤ団体は例外だという。

「世間様がオヤスミになってるときこそ、我々の仕事は忙しい。夏休み？ とんでもない。そりゃあ年中高市（祭り）はあるが、やっぱり圧倒的に夏祭りが多い。この時期に休みなんて取ったら、それこそ死活問題だって」（北関東の某所を庭場にするテキヤ団体の親分）

今流行の言葉でいえば、自己責任ということで、休みはそれぞれの裁量次第。関西独立組織の某組長は活字中毒で、年に一度、ゆっくり読書をするために、検診をかねて入院するというが、それが一番いい方法かもしれない。

ただ、正月休みはほとんどないようである。元旦に親分の家に挨拶に行くからで、なかには大晦日に集まり、幹部そろって初詣をする組織もある。数年前の大晦日、この初詣に同行した。地元の顔役だけあって、参拝の行列をスルーし、最前列に割り込んでいった。聞くと「なにもズルじゃなく、前もって申し込んである」とのこと。申し込み日の数日前から若い衆が境内に並ぶそうで、この若い衆には、さすがに正月休みを取らせるそうだ。

ヤクザは生命保険に入れるのか？

早死にする確率が高い人々の人生のリスク管理

「私はヤクザです」と正直に申告したら、民間の生命・医療保険にはまず入れない。カタギであっても刺青（いれずみ）があると、保険会社によっては問題になるという。

「暴力団が駄目というのは、抗争で死ぬかもしれない……レーサーやスタントマンのように危険な商売だからということではなく、反社会勢力だから。刺青は暴力団の象徴なので、もし申告があったら、暴力団との繋（つな）がりは質問します。また、刺青を入れると、C型肝炎などの感染症にかかる確率が高いため、加入を断ることもある。最近は衛生面に気をつけるようになったとはいえ、普通の人間よりはリスクがありますから」（保険会社の勧誘員）

審査の緩（ゆる）さを売り物にする外資系の保険会社であっても、ことヤクザに関する判断基準は変わらない。ただ、保険勧誘のノルマが厳しい現状では、末端組員がヤクザであることを隠して保険に入っているケースが、かなりあるという。

「有名な親分や幹部ならいざ知らず、支払いの際に、ヤクザ組織の構成員であること隠し通すことは、そう難しくない」（同）

こういうケースは、たいていの場合、勧誘員がグルになっている。とある組員が手術の際に保険を使ったときには、なんの問題もなく保険金が下りていた。書類なども見せてもらったから、確かな話だ。

ただ、民間の保険には壁がいろいろあったとしても、これまで郵便局の簡易保険なら、それほど問題なく加入できたという。なぜなら簡易保険業法では、職業による差別を禁じていたからである。

ヤクザであれ、それを理由に加入を断れなかったのだ。

「刑務所に入ったら、病気になっても保険なんて使えない」

だが、郵政民営化によって、簡易保険も他の保険と同じく保険業法の対象になったことで、逆に問題のある人間を排除できるようになり、ヤクザは真っ先に槍玉（やりだま）にあげられた。実際、全国各地にある簡保の宿は、民営化以降いっせいに「暴力団関係者、ならびに入れ墨のある方の利用をお断りします」との方針を打ち出している。

さぞかしヤクザもご立腹だろうと思って聞いてみると、目くじらを立てる人間はほとんどいなかった。

「今までがラッキーだっただけ。今回、そうなったからといって、特別、なんの怒りも湧（わ）いてこないよ」（独立組織幹部）

今までの簡保のあり方が奇跡的だったと考え、ほとんどの人間が冷静なのだ。

それにヤクザの大半は、自分が死んだときのことを考えない。
「いちいち審査のときに質問責めにされるのも腹が立つし、入れたとしても、どうせ支払いを渋るに決まっている。俺たちにいわせりゃ、保険会社のほうがよっぽど暴力団的だよ。それに刑務所に入ってしまったら、病気になっても保険なんて使えない」（広域組織幹部）
元来、保険に興味を持つヤクザは少ないのである。

「ベンツ海岸」なんて呼ばれたもんだ

一方、車の車両保険は、ヤクザであっても問題なく加入できるという。ただし、実際に事故を起こした場合は、厳重なチェックが入るらしい。今は少なくなったらしいが、事故をシノギにすることは、ヤクザの定番ワークだった。保険会社もヤクザのことは怖いが、あまりに怪しい事故が多いため、今は弁護士を雇い入れ、専門の暴力団対策部を作っているのである。
「気に入った車でも、数年乗ってりゃ飽きてくる。昔の親分たちはたいてい保険をかけ、海に沈めていた。
ヤクザがこぞってベンツを沈めるため、そのうち、うちの近所の岸壁は『ベンツ海岸』なんて呼ばれたもんだ」（広域組織幹部）
科学の進歩もあり、今はかなりの確率で故意に起こした事故を見破ることができるうえ、相手がヤクザだと、裁判所が無条件で保険会社の主張を支持するようになった。もはや今までのような無軌道は通らず、相手の過失がチャラになってしまう事例が増えたため、ヤクザたちも車両保険の利用には慎重だ。

ヤクザが絶対買わないカーナビ

○○○を目的地に設定できないんだよ

ヤクザは車を買ったあとも、かなりの金をつぎ込んで改造する。一般人のドレスアップとは桁が違い、アルミホイールやエアロパーツだって、ベンツ用の定番であるAMGやロリンザなど、目が飛び出そうな値段のものばかりだ。なにしろ車体同様、アフターパーツだって高けりゃ高いほど見栄が張れるから、その手のブランドパーツは、ヤクザにとって憧れの一品。商品価値を高める外見のドレスアップは、もともとヤクザ的思考にぴったりともいえる。

だが、ヤンキーとは違い、爆音系の部品であるマフラーや、走りの性能を向上させるエンジンパーツ、サスペンションなどに凝るヤクザはとても少ない。ようは外見が決まってさえいればいいわけで、それら「分解しないかぎり見えない部品」には、徹底的に無関心なのである。サスなら単にシャコタンになっていればいいし、エンジンは故障なく回ってくれればいい。コンピュータを換え、レスポンスアップしたからといっても、誰も気づいてくれない。

エンジンチューンも、ヤクザにとってはまったく無意味なことだ。フルチューンの

GTRだって、ヤクザの乗るノーマルベンツにはかなわない。たとえゼロヨンを10秒フラットで駆け抜ける性能があっても、市街地では、信号無視のほうが遥(はる)かに速いからだ。そんな金を使うなら、とっととルールを破る。それがヤクザの本質であり、強さといっていい。

加えて、内装はいたって普通だ。考えてみれば、彼らの乗る超高級車は最初から総革張りのシートにウッドパネル。それ以上手を加えるところなどあまりない。欠かせないのは携帯電話の充電器くらい。ほとんど使わないとはいえ、携帯電話とは別に自動車電話もある。カーステもある。ドリンクホルダー……もある。芳香剤……はあまりない。ゴミ箱……は窓の外にあるらしい。

ナビの装着率(そうちゃくりつ)はほぼ100％。どのメーカーも人気があるが、ひとつだけ絶対にヤクザが選ばないメーカーがあるという。

「どことはいえないが、そのメーカーのナビは、刑務所を目的地に設定できないんだよ。普通の人にはまったく問題ないだろうけど、放免祝いなど、自分が行ったことのない刑務所まで出かけることは多いからね。俺たちにはかなり不便だ」（広域組織三次団体幹部）

後付けのドレスアップではないが、ベンツの後部座席の後ろには、救急用具を収納するスペースがある。これがヤクザにとっては好都合だったりする。公務員である警察官にとって、ベンツは路上で見かけるだけの遠い存在。そんなスペースがあるなんて思ってもいない。拳銃やご禁制の品を隠しておくのには最高の場所なのだ。同様にセンチュリーも、エアコンの吹き出し口を外すと格好の場所が出現する。ベストセラーの隠れた秘密がここにある。

ヤクザが入れた「刺青の絵柄」ランキング！

「龍」「菊」「千手観音」「鯉」「虎」に人気が集まる理由

刺青(いれずみ)は現代ヤクザを象徴する記号のひとつといえる。実際、サウナや健康ランドの多くが「刺青お断り」なのは、やはり刺青＝ヤクザだからだ。ヤクザが好む和彫りの刺青は、若者の間でＴＡＴＴＯＯが認知された現代でも、一種特別なオーラを放っている。戦後、ヤクザたちの間では、幽霊や女の生首などゲテモノ系の刺青が流行したという。そういった時代もあったが、伝統を重んじる〝任侠の徒〟を自称するだけに、十字架や悪魔といった西洋の絵柄は好まれない。伝統的な絵柄が人気で、ヤクザたちのチョイスには、土地柄も反映されているようだ。

アンケート結果公表！

筆者は、取材の際に行なっているアンケートで、ヤクザが入れている刺青の絵柄について尋ねているが、その結果を見ると、東日本の組織の不動のナンバーワンは「龍」。背中に大きく入れるヤクザもいるが、絵柄をつなぎ合わせる際のワンポイントとしても人気がある。某組織は親分が辰年(たつどし)生まれなので、子分の80％が龍の刺青を入れているという。

2位は「守護神」。守護神は、ヤクザそれぞれの干支によって決まるため、絵柄に必然性が生まれるからだ。たとえば、子年なら千手観音、丑年と寅年は虚空蔵菩薩となる。最後まで消せないものだけに、自分とゆかりのある絵柄は大人気である。

3位は「桜」。桜吹雪などは、実際の刺青を見るとあまり華がない絵柄に見えるが、シンプルで派手さがないぶん、かえってヤクザたちの心を惹きつけるのだろう。実際、ヤクザたちに聞くと、「あまりたくさんの色を使っていない刺青がシブい」と答える人間が多い。

4位は「菊」。これも花である。皇室の象徴である菊は、やはり桜と同じく日本人の心を惹きつけるのかもしれない。ワンポイントで入れるヤクザが多く、実際にはない色で花びらを彫り込むこともある。

5位は『水滸伝』などに登場する中国の英雄たちだ。中国や日本の英雄も昔から人気の絵柄である。架空の世界とはいえ、その剛毅な伝承を自分の人生に反映させたいと思うからだろう。特に、刺青の入った英雄を彫り込むヤクザが多い。

西日本でも「龍」は一番人気だ。腕や足など、彫り込む場所が限られていても、いい感じの構図になるため、長期刑から戻った際の突き直しで、龍を指定するヤクザも多い。

2位は「不動明王」で、これは本来は酉年の守護神。だが、仏に従わないすべての障害を焼き尽くす……という暴力的イメージから、生まれ年に関係なく、不動明王を彫るヤクザは多い。考えてみれば、これほどヤクザらしい絵柄もない。

3位は「鯉」で、山陽道のヤクザの間では特に人気がある。実際、広島ヤクザの多くは見事な鯉の刺青をしており、『仁義なき戦い』の主人公・美能幸三もそうだった。これは広島城が鯉城と呼ばれ、広島のシンボルとなっているからだが、ヤクザたちは「博打でコイ、喧嘩でコイ、だから縁起がいい」と別の解釈をしているようだ。

4位は「虎」。猛獣の中で最も凶暴な虎の絵柄も、全国のヤクザに人気がある。特に山陽道の指定団体・浅野組の組員には虎の刺青が多い。

5位は「天女」で、ヤクザに女の刺青は似つかわしくない気もするが、実際の刺青を見れば納得する。腕のある彫り師が仕上げた天女の刺青には、勇壮な絵柄に引けを取らない迫力がある。大阪戦争で山口組・田岡一雄組長を銃撃し、六甲山で死体となって発見された大日本正義団・鳴海清の背中にも、見事な天女の刺青があった。

もっとも、武闘派の権化たる広島ヤクザの某幹部はいう。

「本当をいえば、ヤクザが刺青をどうのこうのいうのは、いけんと思うんよ。そりゃあ、見事な刺青を見ればすごいのうとは思うし、海水浴なんかに行って、他のヤクザの刺青を見ると、内心『負けた……わしも刺青増やしに行こうかのう』と思うことはあるんじゃけど（笑）、それはヤクザの器量とは関係ないことじゃからのう。もちろん、あくまで個人的な意見じゃが、わしら、実際、どんな絵柄でもかまわんのが男じゃ、と教えられてきた。とにかく、刺青はどんな絵でも入っちょればええ。だから自分たちでずいぶん彫ったし、駆け出しの彫り師にからだを貸してやったこともあったわね。汚い刺青こそ逆に誇りじゃわ。それに刺青いうんは、人に見せるもんじゃない。全身に入れたからといって、それを見るのは、病院の先生、刑務所の係員、ベッドに入った女くらいのもんじゃ。やれ誰が彫ったとか、この絵柄は特別じゃとか、そんなもんはなんの自慢にもならん。よういるんじゃよ、刑務所に。人の刺青をけなすヤツは最低じゃから、そんな馬鹿たれ、わしの目の前にいたら速攻はったおすけどね（笑）」

　最近では感染症に対する知識が普及したので、針も使い捨てが原則。かつてのように、針に付着した他人の血液から、肝炎などを伝染(うつ)される危険はなくなった。ヤクザの大半が、C型肝炎→肝硬変→肝臓ガンというゴールデンコースを辿(たど)るのは、シャブの回し打ちと刺青が理由だったが、刺青に関しては、もはやそんな心配は無用だ。

「今は昔と違って、『熱い風呂入って塩塗っとけ』なんて先生もおらんじゃろうな。あれ、飛び上がるほど痛いんよ。そりゃそうじゃろう。擦(す)り傷(きず)しとるのに風呂入って、そこに塩塗るんじゃから。今はちゃんと軟膏塗って、そこにサランラップ巻きよる。からだに彫るもんじゃから、ちゃんとした医学的知識が普及して、よかった思うわ」

刺青の入った女を抱いてみたい

ところで、ヤクザの姐さんは刺青を入れているのか？　答えは「ノー」である。

彼女たちはあくまでカタギであり、たまたま惚れた男に刺青があっただけだからだ。ただ、やはり夫という身近な存在が見事な刺青を彫っていれば、一般人よりも、興味を持つケースは多いだろう。ヤンキー上がりの姐さんが、ワンポイントの刺青を彫っている例はそう珍しくないし、ごくわずかながら、ヤクザ顔負けの刺青を入れている天然記念物的な極妻もいる。

西日本の某若頭の奥さんは、全身に旦那の刺青とまるっきり同じ絵柄を彫っていた。ただ、彼女はそれを誰にも口外することがなかった。その秘密が露呈したのは、彼女が旦那の後を追って拳銃自殺したからだ。自分の女房に刺青を彫りたいと思うヤクザは少数派だが、この女性のことは、極妻の鏡として今も語り草になっている。

ただ、ヤクザたちに聞くと「刺青のある女を抱いてみたい」という声はけっこうある。

「愛人とまではいわないが、そんなソープ嬢がいるなら、一度お相手したい。暗い照明の中、女のからだに刺青があるなんて考えると、自分でもよく分からんが興奮するわ」

と熱望するヤクザはかなりの数だといっていい。その理由を熱く語ってくれたのは関東の某組長。

「刺青を入れるってことは、やっぱりMなんだよ。俺か？　そりゃそうよ。普段の生活でS性は発散してるからな。やっぱベッドではM……話がそれたが、あれほどの痛みに耐えたってことは、どんな要求にも応えてくれる精神構造だってこと。それに、やっぱ俺たちは、刺青が好きなんだよな。綺麗な女の裸に刺青があるなんて、それだけでアートじゃねぇか」

分かったような、分からないような……。

刑務所の差し入れで大人気の雑誌

ヤクザの懲役囚、容疑者たちが愛読する雑誌・新聞

一昔前まで、刑務所で読める雑誌や書籍は限られていた。週刊誌などにも厳しい検閲がかけられ、不適当と判断されれば、その部分は墨で塗りつぶされる。たいていの場合、問題になるのはエロ記事とヤクザ記事で、山一抗争の頃など、そのほとんどが真っ黒に塗り潰されていたこともあったという。

「どっかで抗争が起きると、週刊誌なんかは表紙に派手な言葉を入れるじゃねぇか。あんなとこまで塗り潰された。エロ記事も、どぎついモノはほとんど駄目。雑誌によっちゃ、広告しか読めないなんてものもあったわね。昔、『処女探し』なんて記事があっただろ。通りで撮った女の子の写真が載ってるだけだけど、あんなのがズリネタだったよ。とにかく裸のページは駄目。水着が関の山だったね」（20年以上の刑務所生活を送った独立組織幹部）

抗争が減ったせいか、一般週刊誌のエロ記事が増えたためか、今はかなり検閲が緩い。『お尻クラブ』のように相当過激で変態チックな雑誌も、まず問題なく差し入れられるそうで、問題になるのは刑務所批判の記事くらいだという。

また、拘置所などにある「差し入れ所」では、いろいろな雑誌・本が販売されており、全国どこに行っても、必ず『週刊実話』『アサヒ芸能』『週刊大衆』のヤクザ御用達3大誌が置いてある。

筆者はこれまで、ヤクザ関係者に差し入れに行くたびに、雑誌をチェックしてきたのだが、『モトチャンプ』（バイク雑誌）、『日経トレンディ』の2誌も必ずあった。後者は少々お堅いし、ヤクザたちがそんな雑誌に興味があるのは意外かもしれない。だが、ほとんどのヤクザの事務所には『日本経済新聞』が置いてあり、それを考えると納得できるチョイスではある。最近ではDVD付きのエロ本も多数置いてあった。

新聞で一番人気なのは各種スポーツ紙。野球賭博に欠かせない詳細なプロ野球情報やヤクザ記事、競馬、競輪、芸能ゴシップなど、週刊誌感覚で読める気楽さと話題の幅広さが、末端組員の支持を集めている。一般紙で人気なのは『産経新聞』。外国人犯罪者をはっきり中国人と名指しするなど、強烈な右翼志向と、歯に衣着せぬ表現が共感を集めているようだ。

とある幹部は、刑務所では絶対読まない記事があったと語る。

「俺の場合、グルメ記事と車の記事。長期刑ならなおさらそう。うまそうな料理の写真を見ると、刑務所の飯と比較して寂しくなっちまう。かっこいい車だなぁ、と思ったところで、どうせ買えないんだし、出所した頃はとっくにモデルチェンジしてる」

ヤクザ記事は嘘が多く、読んでも「胃が痛くなるだけ」だという。

ヤクザのスーパースターが白いスーツを好む理由

喧嘩に全存在を懸けた暴力社会の美学

ヤクザの世界で、ベストドレッサーとしての賞賛を集めたいなら、「高価で目立って最先端」の三拍子を忘れてはいけない。その要素がすべて詰まっていたのが、戦後の裏社会で大流行した真っ白いスーツだ。当時、ほとんどの国民は食べることに精一杯で、ファッションに気を使っている余裕などまったくなかった。ヤクザたちもその状況に変わりはなく、通常は普通の人間と変わらない貧相な格好をしていた。アロハに綿のズボン、革靴があれば上等。予科連崩れや兵隊帰りも多かったから、特攻服や軍服をそのまま着ていた人間も少なくない。だいいち金があっても、スーツなどどこにも売っていないのである。

その中で、頭にボルサリーノをかぶり、真新しいスーツの上下に身を包んだギャングスターたちは、不良たちの憧れの的だった。たとえば、〝愚連隊の元祖〟万年東一は、ファッションセンスでも時代の最先端を走っていたという。多くの歌手や俳優が、万年のスタイルをコピーして舞台に上がり、また映画にも登場したといわれる。裏社会のスターが、そのまま国民的スターにも影響を与えた時代ということだが、たしかに戦後人気となった映画俳優は、不良っけを売り物にしている人間が多く、そう考えると頷ける話である。

万年に代表されるスーパースターたちが真っ白なスーツを好んだのは、値段が高かったからだけではないという。不良やヤクザに白色が最も粋だとされた理由は、白が最も汚れやすい色だったかららしい。真っ白なスーツで喧嘩の場面に臨み、何人もの相手を倒したにもかかわらず、そのスーツを微塵も汚さない。これが喧嘩に全存在を懸けた暴力社会の美学の結晶なのだ。

現在も、ヤクザにはファッションに金をかける人間が多い。さすがに、こうした精神性は消滅したというが、人とは違う格好をしたいという欲求は強いようである。もともと社会の枠にはまらないほど自己主張が強く、アクの強い個性派ばかりだから当然だろう。

スーツでも、スパイスを一振り加え、他人との差別化を図る。生地、形、色などはさまざまで、素人が見ても一目で高級と分かるオーダースーツに、ピリリとワンポイントを加えるようだ。

マオカラーは、そんな彼らの要求にマッチするため、最近、特に首都圏の若い衆の間で目立つようになった。下にヘンリーネックのシャツを着れば、ネクタイがいらないから楽だし、見た目にも凜々しい。着ている人間も少ないから、一石三鳥である。

独特なファッションセンスには首を傾げたくなるものも多いが、彼らは、弱肉強食のオキテに従いながら、時代のギリギリを生きている。西洋コンプレックス丸出しのファッション評論家たちが唱える理屈に付き合うほど、暇も余裕もないのだろう。

ヤクザのあまりにも過剰な性欲

趣味が高じて強壮剤を開発した親分、女王様を囲う親分

「わしは毎日セックスする。性欲は20、30代のときと変わらない」

とある独立組織の代紋頭はいった。また、数年前に亡くなった某組織の名物親分は、80代という年代でありながら、いつも鞄に大人のオモチャを忍ばせていたという。

親分でさえそうなのだから、若いヤクザたちは寝る時間を惜しんで、夜な夜なハンティングに出かけていく。惜しみなく手間と金をつぎ込み、あらゆる手を駆使して女を漁る。額に汗して働くのは嫌いだが、こういった努力は惜しまないのがヤクザだ。たとえ刑務所に入ってもそれは変わらず、歯ブラシの柄をシコシコ削り、それを陰茎に埋め、女を悦ばそうと性器改造に精を出す。

某組織には自家製の強壮薬を作り、趣味が高じてそれをシノギにしてしまった幹部がいた。本人曰く、ありとあらゆる漢方を試し、20年以上の歳月をかけて完成させたらしい。市販のED治療薬は混ぜていないということだが、実際、かなりのリピート客がおり、クスリの評判はいいようだ。

土産にひとつもらったのだが、極彩色のクスリはたとえようのない怪しい雰囲気で、

結局、いまだに試していない。

とはいえ、いくら女を求めても、女に狂うことは少ないようだ。女は愛しい存在だが男の従属物であり、対等の存在ではないからである。女はあくまで征服すべきものであり、セックスはその手段。そのためか、ヤクザたちのセックスは楽しみのために技巧を凝らすというより、激しく動物的といえる。

S性は日常で発揮しているからMに!?

ただ、いったんアブノーマルプレイに走ると、行為の異常さは半端ではない。もともとタブーを破ることはお手の物だし、麻薬・覚せい剤の類なら簡単に入手できる。幸せの前借りをして理性をぶっ飛ばし、変態セックスにふけるわけだ。

最もインパクトが大きかったのは、某大手組織の幹部組員の体験談だ。一言でいってしまえば、浣腸プレイなのだが、そのうち彼は、相手の羞恥心をあおるため、度入りの水中めがねをオーダーするようになった。それをはめて女の股ぐらに顔を埋め、排泄の瞬間を実況中継するのだという。

また、覚せい剤で理性が喪失するためか、ＳＭプレイの体験率は多いように感じる。訊いてみると、おおかたの場合はＭだ。人間にはＳ性（サド性）とＭ性（マゾ性）の両方が潜んでいるといわれるが、暴力を駆使して無理を押し通す日常を送っているため、心に潜むＳ性は普段の生活の中で充分に解消されている。そうなると残っているのはM性で、それがベッドの中で現われてくるのだろう。

「絶対にいうなよ。話したら殺すぞ」

そう前置きして、体験談を話してくれた某親分は専属の女王様を抱えていた。

一般的にいえば愛人ということになるのだろうが、彼女にマンションを買い与え、そこに数々のＳＭグッズを備えているわけだ。なにもそこまでしなくても……と思うが、なによりヤクザはイメージが大事であり、万が一、こんな性癖が露呈してしまえば、致命的なダメージになる。

ＳＭクラブなど、他人の目に触れる可能性のある場所は絶対にまずいのだろう。

親分は普段自分が使っているような暴力的な言葉を女王様から浴びせられ、ムチに打たれ、蝋燭を垂らされ、歓喜の声を上げる。

「普段の自分とはまったく違った自分を演じることがストレスの解消になる」

との弁だが、差し障りのない日常を送っている我々には、金銭的にも精神的にも到達できない境地だった。

増加するヤクザの自殺

筆者の知り合いも1年間で11人が命を絶った

親分になるためには何が必要か？　現代ヤクザにとってまず大事なのは金だろう。過去の親分たちの中には、粗末な家に住み、質素な暮らしを送っていた人間もいる。しかし、それはもはや昔話。現在では金がなければ子分も従わない。高度に組織化し、ある意味で会社組織のような成り立ちとなった現代ヤクザ組織にとって、「金」は最も大事な生命線であり、渡世の有効なパスポートなのだ。金さえあればたくさんの配下を持つことができるし、配下がいれば、ある程度の喧嘩だってできる。そればかりか、抗争の和解にも多額の金が必要で、金がない人間は、それを理由に破門になることもある。

実をいえば、ヤクザの破門・絶縁の多くは、金絡みの問題が原因だ。

だが、トップクラスの親分が金に詰まったときは、破門や絶縁で債務をチャラにすることもできない。その場合、どうするかといえば自殺である。ヤクザ社会では、どれだけ借金があっても死ねばすべてがチャラで、関係者が債務を引き継ぐことは慣習としてあまりない。そこで、借金苦から自殺の誘惑に負けてしまう人間が増えているのだ。この年だけでも、筆者が過去取材したヤクザのうち11人が自殺した。内部分裂によって仲のいい人間たちが離脱し、残った幹部が上層部からスパイの疑いをかけられたため、その疑念を晴らすために自殺した親分もいる。

また、裏切りが日常茶飯の世界に生きているためか、ヤクザの大半は「いつも孤独を感じている」と吐露する。弱肉強食の論理の中では、その孤独感が増幅するそうだ。それは親分であっても例外ではないらしい。

「たとえば、ヤクザの抗争はメンタルな要素が多い。もし自分が不安な顔をすれば、その動揺は組織の末端にまで広がるだろう。だからどれだけ苦悩しても、どれだけ心配でも、対外的には平常心を保ち、不動の姿勢を示さねばならない」(独立組織組長)

過大なストレスからか、今では抗うつ剤がヤクザに欠かせないアイテムとなった。

「自分の周囲でざっと3分の1が睡眠薬の常用者。それだけでは眠れず、いつも抗うつ剤を飲んでいるヤツもけっこういるね。肉体的にも精神的にも過大なストレスがかかるため、それを解消できないヤクザは、ノイローゼになってしまうんだろうな」(広域組織三次団体組長)

筆者が借りていた歌舞伎町のマンションでは、組事務所が入っている上の階から、人が降ってきたことがある。長い懲役を務め刑務所を出所したばかりの組員が、ストレスから不眠症となり、大量の睡眠薬を服用してバルコニーから落下した不幸な事故で、残念ながらその組員は死亡してしまった。合掌。

ヤクザの葬式を断るお寺が増えている

親分の葬儀くらいブランドの寺院でやりたいが

ヤクザの葬儀は、ほとんどの場合、仏式である。組が執り行なう組葬の場合は100%といっていいだろう。ときたま家族だけで密葬をするときなど、キリスト教ということもあるようだが、経験からいえば、ほとんどが韓国系カトリックだった。これは韓国女性と結婚するヤクザが多いためだろう。

「まぁ、俺もそうだが、宗教などどこでも一緒と思っているヤクザが多いだろうな。嫁さんがアーメンの熱心な信者だったら、普段、迷惑かけてるんだし、いうとおりにしようってことじゃないか」（敬虔な韓国系カトリックの信者と結婚した関東独立組織幹部）

一昔前は、それぞれの組織によって宗派があり、親分と子分は擬似的な家族という建て前のため、組員が死んだ場合は、みなが同じ寺で葬儀を行なった。

「もともとは、自分の生まれた家庭を捨てて組織に入ったヤツが多かったため、自分の生まれた家がどこの寺の檀家だなんてことに、こだわるヤツはいなかった。親分が浄土宗なら子分全員が浄土宗。日蓮宗なら子分もみな同じというのが普通だった」

（関東独立組織の故老）

だが、最近ではヤクザの葬儀を行なってくれる寺が限られており、親分と幹部の葬儀がまったく別の寺で行なわれることも珍しくない。それも同じ宗派ならいいが、無関係の宗派ということもある。ヤクザに聞くと、まったく気にしない生臭坊主が大半だという。

「とにかくオッケーしてくれるところが少ないから、葬儀があった場合、どんな宗派、どんな寺でも確保する。坊さんがいて、お経を上げてくれさえすれば、他団体にもかっこがつくから、細かなことはあまり問題にならない」（冠婚葬祭を取り仕切る関東広域組織の幹部組長）

それでも大親分の葬儀ともなれば、有名な寺で執り行ないたいという子分の見栄がある。普段からそのときを想定し、寺との付き合いをしている組織もあるようだ。しかし、ブランド性で寺を選ぶのだから、これまた真面目な僧侶からすれば怒り心頭かもしれない。

「毎月、先代の命日などに顔を出し、じっくり付き合っていけば、いくらヤクザだからといっても、断られることはない。もちろん、一般の人から見ればかなりの額のお布施も払うが、それは迷惑料と割り切っている」（同）

ただ、最近はこうした付き合いも、意味を成さなくなってきたようで、近年、山口組の法要を行なっていた比叡山・延暦寺が警察の圧力に屈し、今後、いっさい暴力団関係者の葬儀を執り行なわないという声明を発表した。本来、信仰さえあれば、宗教はどんな人間でも差別してはならないはずで、ヤクザだからといって葬儀を断る寺がおかしいのだが……。

本当にあった極道の話①
実録!
勝ち組ヤクザの金銭哲学
画 小原康弘
原作 鈴木智彦

おはようございます！今日はよろしくお願いします！

おう！で、なんだよ今日は？

勝ち組ヤクザの金銭哲学を改めて取材したいと思いまして…

じゃあ俺がヤクザ代表ってわけか？

じゃあ次のジャンボでもチャーターするか？

そんなことできるんですか？

前に若い衆全員で移動しなきゃならんことがあってな、どうせならってんで貸し切りにした
どうせ、お前の経費で落ちるんだろ？おい、次の飛行機貸し切って…

ちょっと待って…年収の数倍経費のかかるフリーランスなんていませんて!!

はっはっは、一般客の予約があるのにそんなことできるわけないだろうさ、行くぞ！

やめてくださいよ……ただでさえどこまでが冗談なのかわからないのに…

一時間後
我々の乗った飛行機は
某空港に到着した
これから組長の所有する
○○へ行くのだ
おかえりなさい!!
おかえりなさい!!
相変わらず
すごい人数ですね
本当はこんな事
したくねえん
だけどな
車で移動する
ときが一番狙われ
やすいからな
俺の乗る車の
前後左右に一台ずつ
先導に二台つけて
ガードの若い衆も
乗せるから
どうしても
大所帯に
なっちまう
それだけでも
けっこうな経費
ですよね…
組長が乗ったのは
普通のワンボックスカー
ちょっと意外だ
そんな分かりやすい車
乗ってるのは
ぬるいヤクザだって
喧嘩もせず適当に
やってるヤクザと
一緒にしないで欲しいね
いつも生きるか死ぬかという
ギリギリにいなきゃ
ヤクザで金など稼げるもんか
助手席の前に並ぶさまざまな
電子機器　防弾(防爆)ガラス
で歪んだ風景
改造費に五千万かけたという
この車が組長の言葉を
裏づける

着いたぞ ここが俺の 別荘だ
なんだか リゾートホテル みたいですね
もともとはそうだったんだが 倒産して そこを俺が買い取ったんだ
へー
プリズンリゾート ホテルでも やろうと 思ったんだが 事情があってな 今は俺の別荘 として 使ってる…
へー
あまりのスケールの でかさに、いまひとつ 思考が追いついていない
テラスに出るとそこは オープンカフェのように なっていた
と、そこへなぜか ウェイトレス登場
ご注文は 何に なさいますか？
アイスティ
え？え？
ここはもう ホテルじゃ ないんですよね

実は ホテルだけを 買ったんじゃなくて そこの会社ごと 手に入れたんだ
他に系列ホテルが 数軒あって 今日はお前さんが 来るってんでそこから 人を呼んでおいたんだ
研修の意味も あるがな
なるほど……
ちゅうわけで今日は レストランも動いているから 好きなもん食ってくれ 腹減ったろ？
じゃああとでソバでも 食ってきます
そうか おい ソバ用意させろ
そういえば組長は 車がお好きでしたね ここにも置いて あるんですか？
ああ、地下の駐車場に 何台かコレクションしてある あとで見てくるといい びっくりするぞ
投機目的でも あるんだがな
でもまあ やっぱり車が 好きなんだよ
ドラ ドラ ドラ
ん？
F1カーもあるぞ
まるで博物館ですね
しかし普通の〝車好き〟 とはちょっと違う気が

バラ
バラ
バラ
バラ
バラ
うおっ!!
な、何?
お前が蕎麦なんていうからよ
この辺にゃそんなもんねえし
信州から蕎麦屋呼んで来たんだよ
な、何ということを……
ヘリなんてそこらへんの社長らだって持ってる
別に驚くことじゃない
その使い方にビックリしてるんです
しかし……
どうしてヤクザの金銭感覚って、こうもケタ外れなんですか?
お前、この世界取材して何年だ?

そろそろ十五年です
それなのにそんなこともわからねえのか
ヤクザが派手に金を使うのは一種のパフォーマンスだろうが
パフォーマンス？
力の誇示と言い換えてもいい
あとヤクザはリアリストで言葉など信じていないからということもある
口だけでかっこいいことを言うのは簡単だが歓迎するというならそれを形に現そうとする
取材で飯食うとき食いきれないほど料理が並ぶだろ？　あれはそれだけお前さんたちを歓迎していますと形で示しているわけだ
力の誇示と暴力が積み重なってヤクザの威嚇力が生まれる
なにもセレブを気取っているわけじゃねえよ
なるほど……わかる気がします

どうもごちそうさまでしたさすが本場の味は違いますね
だろ？ここの蕎麦はうまいんだよ
おう大将あと三十人前追加な！
すいませんやっぱり理解できません…
あのう……大変恐縮なんですがちょっとお願いがありまして
なんだ？
実は「ヤクザの福利厚生」というテーマで取材したいのです
どなたか紹介してもらえないでしょうか
ははは分かったじゃあ来週にでも○○会の本部に行ってこい俺から連絡しておいてやる
あ、ありがとうございます!!
じゃあそろそろ東京に戻りますので…今日はありがとうございました
そうか
おい送ってさしあげろ！
うちヘリポート無いんで結構です…

本当にあった極道の話②
ヤクザ組織の福利厚生を拝見!
ここが○○会本部か……
外見は普通だけどな…
おお よく来たな! 兄弟から話は聞いとるで!
ヤクザの福利厚生が知りたいんやて?
ええ、それなら親分のところが最適と紹介していただきました
そうかそうか じゃ 建物の中を案内しよか
うちは一階が事務所 二階が盃などに使う大広間になっとる
ポーン
ガーーー
三階から上が組員たちの場所や
組員のための…ですか?
パコーン
おお!
パコーン
パコーン
事務所に待機してたら体がなまるし打ちっ放しで余計なトラブルがおきても困るんで、こうした施設を作ったんや
へえー

で、四階は
若い衆のための
アスレチックジムや
刺青があると
ジムにも通えんし
それに
格闘技は
実戦に役立つしな
ところで今日は
寄り合いでな
このあとみんなで
近くの温泉に行く
ことになってるんや
戦後の不良は
みんなボクシング
ジムに通ってたと
いいますもんね
ああ 俺の
オヤジもそうやった
よければ
一緒に来たらええ
えっ
いいんですか?
ええもなにも
兄弟から
そう言われてるわ
こうして一行は
チャーターしたバス三台に
分乗し温泉を目指した
親分の話によると
春の花見、夏の海水浴、
秋の温泉、冬のスキーと
年四回旅行があるという
さしずめ社員旅行といった
ところか
着いた先は
とある温泉旅館だった
まずはひとっ風呂浴びて
宴会場に来てくれ
…みなさん
温泉には
入れるんですか?
ああ刺青のことか?
本当なら金がかかっても
貸し切りにするのが
ええんやろうけど
最近は警察がうるさくて
そうもでけんからな

そして親分に連れられ
旅館の外にある露天風呂へと
行ってみると……
お先です
お先です
せやからここだけを一日
貸し切ることにしとるんよ
さて
わしらも
入ろうやないか
ふーーっ
極楽やなぁ…
しかし……
こうしてみると
いろんな刺青が
あるんですね
ほれ
あ、あれ？
まだ途中
なんですか？
若い頃大きな喧嘩が
あってな、彫り師のもとに
通い始めたらすぐに
長い懲役に行ったんで
中途半端なままや
オヤジのように
喧嘩ばかりしてた人は
刺青の仕上がっとらん
人も多いわな
懲役出て
娑婆におる間に
仕上げよう
思うても
すぐ懲役
でっしゃろ
もうわしら
みたいな歳で
彫り師のとこ
通うのも
おっくうですわ
わははは
ははは!!

一度部屋に戻り浴衣に着替え、組長たちのいる宴会場へと向かう
わははははは
おっ ここかな?
あ、あれ……?
どわっはっはっ
ぐへへへ
きゃあ きゃあ
げっ!!
○○県庁職員御一行様
しまったしまった……こっちの宴会場だった
トラトラトラなのじゃ るるるる
しかし……そうとう盛り上がってるみたいだな……
うおっ!?
どんちゃん どんちゃん どんちゃん どんちゃん
……
○○県教育委員会御一行様
何やってんスか こっちスよ こっち!
あ、ハイ!
ガラッ
じ、じゃあ こっちの会場……?
……だめだ 見るに耐えん……
○○県警察御一行様

気を取り直し
やっと組長たちの
いる宴会場に
会場にコンパニオンは
いるもののヤクザたちは
とても紳士的に
飲んでいる
遅かったじゃ
ねえか
先にやっとるで
すいません
じゃあみなさん
そろいましたので
カラオケ大会を
始めたいと思います
まずはお客様である
ライター様から
いってみましょう
えっ!? い、いや
自分は……
ささ、どうぞ
前のステージの方へ
なにを歌われますか?
じゃあ
北島三郎
の……
サブちゃんは
相談役の
十八番なので…
じゃあ
高倉健の…
それは
顧問の
十八番で…
カラオケ
じゃあ
杉良太郎
それは〆に
オヤジが
歌います
じゃあ…えーと
んーと、えーと
カラ
へんに気を
使わんと
好きな歌を
歌えば
ええやんか
じゃあ
モー娘。の…
もう少し場に
ご配慮いただければと…

「じゃあわしも歌うとするか」組長が〆に歌った杉良太郎で宴会はお開きとなった
静かな宴会ではあったが組長に拍手を送る組員たちを見るとやはり楽しそうに見えた
宴会終了後……
みなさん楽しそうでしたね
恐怖で人は支配できんよ
一緒に飯を食い酒を飲み同じ屋根の下に寝る
そうじゃなきゃ家族にはなれん強い組織はうまれんよ
部屋住みってヤツもそうなんでしょうね
今度お前さんもヤクザの部屋住みを体験してみたらええ
ああそうやC組の組長に頼んでやろう日程が決まったら連絡する
あ、そこなら以前取材でおじゃましたことが…助かります！
ようし、そうと決まればこれから街にくり出すか！
お前さんも男の世界を知りたいのならとことん飲んで少しでも家族に近づくんだな
いやそうじゃなくてよ…
このお兄さん男の世界が知りたいんだって！

本当にあった極道の話③
体験！これがヤクザの部屋住みだ
おはようございます！
おう、よく来たな
まさか自分が部屋住み体験するとは思いませんでしたよ
みっちりしごいてやるからな覚悟しとけよ
偶然にも今日から部屋住みを始める若い衆が二人いるそいつらと一緒にやってもらおう
こいつはコンピューターのエンジニアでゆくゆくは企業舎弟にしようと思ってる
こっちは元自衛官知り合いから紹介された
彼らが…
最近じゃ若い衆がなかなか集まらないしなやる気のあるもんは年齢に関係なく部屋住みさせてるんだ
コンチワッすー
中にはデパートの渉外担当や警察官もいる使い物になるかどうかはやる気しだいだ

着替えは
済みましたか？
ここの
部屋住みは
戦闘服
なんですね
いやうちは
繁華街にあるんで
普通はジャージ
なんスよ
用意が
終わりました!!
ちょっと
やりすぎ
じゃねえ？
でもせっかくの取材だ
それじゃ気分が出ない
だろうからって若頭が
買ってきたんです
それはわざわざ
ありがたいこって…
こらっ
それは
ねえだろう！
は？
ヤクザ社会は
一日でも早く
入ったヤツが
先輩なんだ
お前はこいつより
年上だが先輩に
そんな口きいて
いいはず
ねえだろうが！
す、すいません…
ひっひっひっ
まあ許してやり
ますよ　これから
気をつけてね
じゃあまずは挨拶から
始めるとするか
行儀作法はヤクザの
基本だし、これを身に
つけるため部屋住みが
あるといってもいい
お前、この
新米たちに
挨拶を教えてやれ
じゃあ
オヤジに
挨拶してきて
ください
分かりました

コンコン
入れ！
ガチャ
失礼します
おはようございます！
お前なに様だ
は…はい？
おい、あんた、もうお客さんじゃないうちの組の見習いなんだぜ
オヤジが座ってるのにそれより高いところから挨拶してどうなんの？
そうか……
ちゃんと座って指ついてほらもう一回
おはようございます
ダメ！声が小さいもう一回!!
あいつもストレスたまってたんだなぁ
今まで自分が一番下だったからなぁ……

プルルルルル
○○組！
チャッ
はい、○○さんっスね オヤジですか……
今ちょっと外出してまして……はい 伝えておきます
あの野郎 どうせ手形のジャンプ*だろう ほっとけ
さすがっスね いちいちすべての電話つなぐわけにもいかないですもんね
まあな
えらそうに…自分だって電話とれるようになったの最近のクセして…
これぱっかりはちょっとした間違いで喧嘩になるかもしれん
お前たちは電話はとらんでいい
はい
とにかく電話かけてきた人たちほとんど「俺だ」としかいわないんスよ
聞き返すと怒鳴られちゃうんだから ほんと参るっすよねー
まあ、そんな難しい事よりまず、お茶いれてくれ
おい 今度はお前やってみろ
はい

＊手形のジャンプ＝新しい手形と交換したり、支払日を訂正するなどの方法で、手形の支払い期日を延期すること

どうぞ
ズッ
ぶーっ
なんだこの濃さは！抹茶かこれ!?
ペッペッ
いえ、ふつうのお茶です
あーあ お茶葉入れすぎ 目一杯入っちゃってる 俺も昔やったけどね
お茶っていえばカンかペットボトルっスから…
そうそう わかんないっスよね
もういい お前ら手分けして掃除だ
じゃあ あんたは組長室
はい
あんたは玄関を
はい
そして あんたは トイレ掃除を お願いします
はい
時間はかかっていい あとでチェックするから 完璧だと思うまで 掃除しろ

しかしえらいことに
なっちゃったな……
とにかく掃除は
部屋住みの基本
あとで怒られないように
完璧にしようっと
そして二時間後…
終わりました
掃除機かけて
拭き掃除しました
窓枠に埃が残ってる
不合格！
中も表も完璧に
掃除しました！
下駄箱の中は？
不合格！
あ、あの
精一杯やりました
どうだお前たち、まだ
トイレに掃除するところは
あるか？
いえ……
完璧だと
思います
ほう、じゃあ
舐めてみな

へっ？
完璧だったら舐められるだろ ほら やってみろよ
ば、馬鹿いわないでください……
ガッ
馬鹿はお前だ!!
ヤクザってのはなぁ吐いた言葉に命をかけるんだよ!
その真剣さがカタギと違うんだよ!!
適当に物事をやって適当に生きていこうなんてヤツにヤクザがつとまるか!
そんないい加減な気持ちならさっさとやめちまえ!!
お前さんもこうした辛い取材は久しぶりだろう？どうだキツかったか？
ええ、おかげでいい取材ができました
本当に今日はありがとうございました! じゃあこれで失礼します!
あ？何いってんだ？コンビニのバイトじゃねえんだからよ帰れると思うな!!
オラ さっさと来い!
部屋住みは24時間勤務である

第3章 シノギのトリビア

こんなにあるヤクザ直営サイト

代紋グッズのネット販売、ヤクザとカタギ女性の出会い系、恐喝ネタ募集中

2007年の2月、コンピュータ機器販売会社「アドテックス」の民事再生法違反が発覚し、副社長の元山口組弘道会(こうどうかい)系組長が逮捕された。元組長は同窓会サイト「この指とまれ!(ゆびとま)」の社長(辞任)にも就任しており、「ヤクザ」と「同窓会」のミスマッチが、マスコミの興味を引くことにもなった。

この事件では、プロレスの老舗(しにせ)雑誌である『週刊ゴング』を出版する日本スポーツ出版がフロント企業(企業舎弟)となっていたことも分かっている。過去、住吉会のフロントとなっていた中堅出版社の例もあるから、いろいろ調べてみたところ、日本スポーツ出版の本社ビルの住所には、実体のないペーパーカンパニーがいくつも登記されていた。

この時は元ヤクザとサイトの関係が注目されたが、現役のヤクザが実際に関係しているサイトは多数ある。ネットが普及した当初は、京都の現役ヤクザが、自分の主義主張をホームページに載せて話題になったことがあった。ネットの世界は、どんな人間であれ自由に発信できるのが建て前で、ヤクザが個人的な意見を述べたからといっ

て違法性はない。しかし結局、プロバイダーが警察の圧力に屈して削除し、サイトはアメリカのサーバーに移転している。

最近では、住吉会系の組員となった元広告代理店の営業マンが、アメリカでのシノギの様子をブログで公開する例も登場している。メールを送って取材を申し込んだところ、返信がないままに１週間ほどで閉鎖してしまった。せっかく楽しく自分語りをしていたのに、とんだ迷惑だったろう。

これまで見たなかで、最も楽しかったのは某ヤクザ情報サイトで、代紋グッズを販売したり、ヤクザとカタギ女性の出会いを目的とした名物の掲示板もあった。

「俺は○○代紋を持って三年目。忙しいけどけっこう稼いでます。明るくて可愛い彼女募集中。幸せにするぜ」

などという書き込みを見ると、本物か偽物か微妙だが、なかには現役の書き込みがあったと証言する幹部もいる。代紋シールを販売していたのだから、このサイトにバックがついていたのは当然で、一説にはテキヤ系の団体だったという。

ヤクザ組織のコンピュータ部隊

通販サイトを作っているフロント企業は数知れない。最近目立つのはブランドショップで、某組長の姐さんが経営している高級バッグ専門店は、なかなか盛況である。

また、オンラインカジノを行なっている広域団体も多く、時と場合によっては、最初、少しだけ勝たせるのだという。最後にすべてをむしり取られるのは賭場と同じで、好奇心でトライするならいいが、ゆめゆめ儲けようなどと思ってはいけない。

モロ出し映像を提供するサイトにも、ヤクザ直営店がある。事務所で拝見させてもらったところ、内容としてはBランクといったところか。

「裏ビデオを撮影してたヤツらにやらせているが、こういった映像を集めるにはプロの協力がいる。俺たちヤクザは、映像よりも実物がいいから、こういったのはあまり得意じゃない」

最近はアダルトビデオ販売会社を企業舎弟にするケースが多いため、映像のレベルが上がっており、映像業界にコネのないヤクザの新規参入は不可能らしい。

出会い系サイトは意外なことにヤクザの関与が少ない。当初は直営店もあったが、今はほとんど撤退している。ただ、料金後払いを売り物にしているところが多く、それぞれ債権回収部門を持っているため、警察は執拗にヤクザの関与を探っているようだ。

数年前、福島県警の捜査で逮捕された知り合いの業者も、「絶対、裏にヤクザがいるだろう」と追及されていた。弱気な客につけ込んで水増し請求をするなど悪質な業者もいて、たしかに怪しいことこのうえないが、ほとんどの業者はヤクザと無関係なのである。

最近のトレンドはネットを使った企業恐喝だろう。不祥事を集めてホームページを開設し、担当者との交渉の材料にするわけだ。こうしたシノギでのヤクザのマメさには頭が下がる。週刊誌にネタを売り込み、テレビ局に取材材料を提供し……と、そのへんの雑誌記者よりよほどフットワークが軽い。

また違法ソフトを売るために、一流会社からエンジニアを引き抜いた幹部もいる。

「一からソフトを作るというより、コピー防止のプロテクトを解除するのが主なシノギだ。あと、ネットほど足がつきやすいものはないから、組のコンピュータのセキュリティも任せているよ」（京大卒のエンジニアを抱える独立組織幹部）

こうしたヤクザ組織のコンピュータ部隊にとって最大の仕事は、とあるソフトのプロテクト解除だ。これは土地の面積を瞬時に計算できる便利なソフトで、すべて揃えると数百万円になるため、プロテクトを解除できればかなりの儲けになるらしい。

実際、不動産業を営むヤクザの事務所に出かけて机の上にあるコンピュータの画面を見せてもらうと、まず間違いなくこのソフトがインストールされている。もちろん同業者から安値で買ったコピーソフトだ。

ドラッグ相場のリアル経済学

密輸、混ぜモノ、出荷量調整……「覚せい剤マーケット」暴利のカラクリ

ヤクザの関わるネット犯罪の裏に、専門のコンピュータ部隊がいるように、覚せい剤売買にも専門の化学部隊がいる。ただし、こうした部隊は覚せい剤の精製をしているわけではない。現在、日本で流通している覚せい剤は１００％海外からの密輸品だ。

覚せい剤の精製には、実はそれほど高度な化学的知識が必要なわけではなく、高校生でも理解できる。しかし、どうしても大がかりな設備が必要になるからやっかいだ。

特にその過程で発生する熱と悪臭の対処は難しく、一般の住宅で行なえばすぐに悪事が露呈する。昭和50年代、ヤクザたちは、それぞれ独自の精製工場を作ろうともくろみ、人里離れた場所で実際に精製を試みたが、田舎になればなるほどすぐに噂のタネとなり、どうしても中途半端な施設しか作れず、計画のすべてが頓挫した。

旧オウム真理教のように、かなりの人員と敷地を確保し、地域住民の目から隔絶した場所で行なえば別だが、ヤクザの行動は常に警察の厳しい監視の中にある。同じことをすれば、即、摘発されるだろう。密輸という危険な橋を渡ってまで海外から輸入するのは、こうした理由からで、国内製造に見切りをつけたヤクザたちは、海外ルー

トの開拓に力を注いできたのである。

水増しのための定番アイテム

かつて当方が取材した化学部隊の仕事は、覚せい剤のブレンドだった。

社会の裏側で流通する覚せい剤に混ぜモノがあるのは常識。厳しい取締まりの目をかいくぐり、ようやく手にした品物を2倍に増やせば、儲けも2倍になるのだから、そのまま販売する〝良心的な犯罪者〟のほうが珍しいだろう。ときどき、大量の覚せい剤取引が摘発され、「○○キロ押収！」と記事になるが、あとで調べると半分以上が混ぜモノで、当局はもちろん、捕まった密売組織の幹部もびっくりしたことがある。品物を預かっていた密売人が覚せい剤をくすね、その穴埋めに、内緒で混ぜモノを入れたわけだ。

最も簡単な水増しのやり方は、霧吹きで水を吹きかけ、しめらせる方法で、たったこれだけでも思った以上に量が増える。パケ売りの現場では日常的に行なわれている方法だ。

また、水に溶けやすい覚せい剤の特質から、エタノールを使うこともある。さらに、劇的に量を増やしたい場合は、通称「カルキ」の混入が定番だろう。カルキ（売人たちはほぼ間違いなくこういう）は、正確にいえば熱帯魚の水質改善に使うカルキ抜き（商品名ハイポ）のことで、成分はチオ硫酸ナトリウム（$Na_2S_2O_3$）だ。『緊急中毒マニユアル』などによれば、このチオ硫酸ナトリウムはシアン化合物の解毒剤として静脈注射されることもあり、大量に摂取しても毒性は低い。

ただし、売人たちがカルキ抜きを混ぜるのは医学的根拠からではなく、値段が安く、入手が簡単で、見た目が覚せい剤に似ているからである。実際、結晶状のカルキ抜きをすり鉢でゴリゴリやると、ぱっと見には覚せい剤に見えなくもない。

単体ではともかく、色目のない覚せい剤（覚せい剤には、精製過程の影響で異物が混入し、黄色かったり、赤っぽかったりするものもある）と混ぜ、パケの中で振ると、しげしげと見ても分からなくなる。

もっとも、「カルキ」などは混ぜモノとしてはまだまともで、その他、塩、味の素、乳糖、ナフタリン、写真の現像液、市販の風邪薬など、密売人によっては、手近にあるものをなんでも混ぜてしまうそうだ。

評判が悪かった高純度の「オウムネタ」

また、混ぜモノは、単に売人の利益増大だけが目的なのではない。シモネタ（エロネタ）――性的興奮を高める媚薬として調合された覚せい剤――に代表されるように、目的や嗜好に応じたブレンドが行なわれるのが一般的なのだ。

「いいネタかどうかは、つまるところ、それぞれの好みに合った効き方をするかどうかってことだ。初心者はガツンと効くのを好むし、ポン中（覚せい剤中毒者）の中には、スーッと効くのが玄人好みだという奴もいる。こればっかりは嗜好があって、一概には、どれがいいとはいえないね」（末端の売人）

覚せい剤は耐性がつきやすく、どんどん使用量が増える。そのため、ヘビーな常用者は一般的な致死量を軽く超える量を使用したり、薬理効果による目眩や倒錯の感覚を楽しむため、不純物が混入した覚せい剤を好むこともあるらしい。

ちなみに、前述のシモネタは、主にアンナカ（安息香酸ナトリウムカフェイン）を混ぜたもので、「打った直後から先走り汁がだらだら出る」（元覚せい剤常用者）というが、割合や混ぜ方によって大きな差が出るため、素人が適当にやってもうまくいかないらしい。

また、純度が高ければ商品価値が上がるとも言い切れない。実際、旧オウム真理教が作ったといわれるシャブが市場に出回ったとき、ポン中たちはそのネタを「顔がカッカする」「パンチがない」と酷評したが、この通称「オウムネタ」は、一般的な覚せい剤と比べ、とても純度が高かったという話もある。

「警察が内緒で教えてくれたんだから、たぶん間違いねぇと思うぜ。シャブは売り手市場だから、どんなネタでもさばけるが、客の評判を見ると、純度ばかりが決め手になるとは思えないな」（同）

〝価格調整〟のための出荷量コントロール

かつて化学部隊を率いる「先生」を取材したことがある。「先生」は元ヤクザで、彼のもとにはキロ単位の売買をしている密売組織が多数訪れ、覚せい剤のテイスティングやブレンド、ときには不純物の除去の仕事を依頼していた。

「自分の親（親分）が死んで、そのままカタギになったんです。あとは覚せい剤一途ですね」

一途という言葉に思わず苦笑したが、試行錯誤をくり返し、何十キロもの覚せい剤を無駄にしたそうで、まさに裏社会の「プロジェクトX」の生き証人といっていい。

こうして完成した〝商品〟としての覚せい剤は、摘発を末端でくい止めるために、複雑な経路を辿る。一昔前は九州に上陸し、全国のヤクザに流れたが、今はほとんどが東京に上がる。「大元締め―元締め―中間卸元―シャブ屋―パケ屋―密売人」と細分化された、シャブ売買のルートに直接関与する組もあるが、業界関係者の大半は、ヤクザ組織にカスリを取られている（ピンハネされている）という。

もっとも、末端の売人たちの多くは、あくまでも個人事業主で、ヤクザに雇われているわけではない。このあたりを混同すると、シャブ売買の現実が見えなくなるだろう。シャブ屋は御法度の商売をしているため、警察に泣きつくわけにもいかず、必要経費としてヤクザにカスリを納めている。ヤクザを壊滅したところで、シャブ屋は今以上にのびのびと商売をするだけかもしれない。

インターネットでの覚せい剤売買は今や下火となった。銀行振り込み→郵送という方法では簡単に足がつくからで、郵便局で封筒が破損して売人が逮捕され、残っていた送り先の住所から、芋蔓式に顧客が逮捕されたこともあった。

大元締めが、価格調整のために出荷量をコントロールするのは毎年のことで、需要の増大する盆暮れには、末端価格が2倍近くに跳ね上がる。最近では、北朝鮮ルートが厳しく監視されているため、密輸が困難になっており、高値傾向が続いているうえに粗悪品も多い。

現在の密輸の手口は、旅行者を装い、手荷物として運ぶというなんとも原始的なものが中心だ。多くのヤクザや、ヤクザ崩れが逮捕されている。

今や主流は、韓国の運び屋のおばちゃんで、ヤクザお抱えのおばちゃんは、少なく見積もっても100人はいるだろう。

組事務所の運営費はいくらか？

組員が10人いれば年間4000万円が相場

なんの生産性もなく、ただブラブラしているだけのヤクザに、なぜ事務所が必要なのか？　という疑問はさておき、現在、すべてのヤクザ組織が組事務所を持つようになった。繁華街にある怪しげなマンションの一室を賃貸しているものから、自己所有の立派なビルまでさまざまあって、でかい事務所を持っている組が暴力派とは限らず、東京で最も暴力的と評判の組織は、質素なマンションを事務所としている。

ただ、賃貸は少なくなっていて、住民運動による立ち退(の)き騒ぎが頻発(ひんぱつ)し、賃貸契約の際、「暴力団および暴力団関係者と判明した際は、無条件で解約」という暴力団排除条項が一般的になってから、多くのヤクザが事務所を自己所有している。義理事（冠婚葬祭）に使う料亭やホテルなども、警察の圧力によって借りにくくなったため、行事や会食用に大きな施設を作っているところもある。住吉会の持つ住吉会館はまるで老舗(しにせ)旅館のようなたたずまい。稲川会も豪華な会館を建設中だ。

なにはともあれ、事務所を持ってこそ一人前のヤクザという意識が業界には根づいていると考えていい。

事務所開きで1000万円の祝い金

「部屋住み（見習い期間）を卒業し、いろんなシノギをしながら徐々に若い衆が増えていった。自分の事務所を持ったときは、ようやく一人前になった気持ちだった。方々から祝いももらったしな」（住吉会二次団体幹部）

事務所開きもヤクザにとっては義理事のひとつで、有力組織が新事務所を開設すると、全国から友好団体が駆けつける。数年前、都内某組織の行なった事務所開き（このときはカタギ名義の賃貸）では、合計で1000万円以上の祝い金が集まったというから、敷金・礼金・前家賃など、軽く償却できただろう。

そのため、落ち目の組織を見分ける方法も、事務所の有無が目安になるという。

「名簿を見て、親分、若頭、本部長の連絡先が同じ場所だったら、その組は経済的に苦しいということ。昔はそれぞれ事務所を持っていたのに、最近になってそうなったというなら、はっきりいって落ち目の組だ」（関東独立組織幹部）

しかし、組織によって事情も異なるわけで、一概にはそうともいえず、かなり乱暴な見方に思えるが、リアリストのヤクザらしい見解ではある。

戦前はヤクザ組織が事務所を持つ習慣はなく、かなりの大組織でも親分の自宅が組織の本拠となっていた。抗争が起こるたび、自宅が戦場と化すのだから、家族にとってはさぞ迷惑だったろう。事務所が一般的になったのは、ヤクザたちが渡世とプライベートを分離するようになったからかもしれない。

ヤクザは事務所で何をやっているのか？

事務所の使用目的は、皮肉なことに暴対法にも記述がある。

「組事務所とは、しのぎ（資金獲得活動）・抗争等の謀議・実行の場所に使用されたり、盃事等の儀式を行う場所として使用されるなど、暴力団の組織としての活動の拠点となっている施設または施設の区画された部分」（暴対法15条1項）

こうした定義から、暴対法では対立抗争時、事務所の使用制限が課せられるようになった（抗争の大多数を占める内部抗争はなぜか除外）。だが、相手の殺害を目的としたヒットマンたちが一堂に会するはずもなく、これだけ通信機器が発達した現代では、犯罪の謀議の場所など不要だ。加えて、本気で喧嘩をするつもりの組は、警察も掴んでいない拠点を各地に持っている。

「でかい抗争になれば、本部はどうせ使えんやろうから、慈善団体に寄付する」

九州の某指導者がいい放ったジョークは、警察に対する痛烈な皮肉だろう。

愚連隊の元祖といわれた故・万年東一は「事務仕事をするわけじゃなし、事務所など不要」と公言、地獄谷と呼ばれた『ボタンヌ』（戦後の新宿で最初の本格的喫茶店。客が愚連隊・ヤクザばかりだったことからこう呼ばれた。移転後はバーとして営業）や、『白十字』（それぞれのテーブルに電話がある喫茶）を事務所代わりにし、裏社会の力を必要とするカタギたちと面談した。現代ヤクザは、博徒を源流としながら、実質、戦後生まれの愚連隊と同じく暴力の専従者なわけで、本来なら事務所など不要なのである。

「事務所で何をしているかと聞かれれば、やっぱり何もしていない（笑）。新聞読んで、テレビ観て、お茶飲んでるくらいが関の山」（広域組織二次団体幹部）

博徒のアイデンティティなのか、麻雀台が置かれている組は多く、幹部が卓を囲んでいる風景をよく見かける。金庫はあっても、ガサ入れを警戒し、そんなところに拳銃をしまうはずもなく、部外者から見ても事務所の存在意義はあまり感じられない。とはいえ、やはりヤクザたちに聞くと、「事務所は必要」という答えが返ってくる。

「時間はバラバラでも、事務所があれば若い衆が集まってくるから、様子を窺い知ることもできる。子分からすれば、親分のご機嫌伺いも仕事のひとつだしな。それに破門状や絶縁状など、いちいち自宅に送ってこられたら、家族が迷惑するだろう。それに繁華街の一等地にある事務所は俺たちの看板だ。カタカナ商売のヤツらが無理して青山や代官山に住むのと一緒だよ。

ヤクザにでかい債権回収を頼みたいヤツがいたとする。組織の力など『会社四季報』に載ってるわけじゃなし、そのときにものをいうのが口コミと事務所なんだ。でかい仕事は、田舎のオンボロ事務所にいるヤクザより、繁華街のど真ん中にビル持ってるヤクザに、どうしても集まる」（縄張り内の繁華街一等地に自社ビルを持つ広域組織ヤクザにとっての事務所は、貴金属や高級外車と同じく力を象徴するアイテムなのだ。

（二次団体組長）

公共料金は払っているの？

もっとも、威嚇力（いかくりょく）としての事務所といっても、その規模は千差万別。一次団体、二次団体、三次団体それぞれに事務所はあって、かなり上のクラスなら、数カ所の事務所を複数維持しているケースも珍しくない。

たとえば、六代目山口組（一次団体）の弘道会（こうどうかい）（二次団体）の幹部なら、自分が組長を務める三次団体事務所の他、弘道会の本部に当番として寝泊まりするし、神戸の山口組本家に出入りすることも多いだろう。そうなると、いったいどこが現実的な本拠なのか難しいが、使用者責任によってトップの民事責任が問われるようになってから、山口組は名刺から一次団体の名称・住所を削除している。

大手組織では、二次団体本部であっても、毎日顔を出す場所ではない。中小独立組織を別にすれば、山口組や住吉会、稲川会といった広域組織の組員にとって、事務所＝三次団体の本拠と考えていいだろう。

前述のように、組事務所は自己所有が一般的になったため、家賃負担はないとはいえ、光熱費などの経費はかかる。昔は電力会社や水道局、ガス会社などは、ヤクザを恐れて集金に来なかったが、今はNHKの受信料以外、不払いはできない。これらの経費は普通、会費によって賄(まかな)われ、山口組の某二次団体などでは、組員がエアコンを使うたびに、姐さんお手製の料金箱に数百円入れなければならないところもある。

大きな事務所では部屋住みがおり、部屋住みには小遣いも渡さなければならず、すべての経費を合算するとかなりの金額になる。組員が事件を起こした際の弁護士費用などもあり、組員が10人いれば年間4000万円が相場で、このあたりがヤクザとして独立する最低の経費と考えていい。

ソープランドとヤクザの親密な関係

カスリの相場はHow much? 極道がオーナーの店はある?

「悪いことして稼いでるんだから〝カスリ〟は払ってもらいますよ、ということ。用心棒ってことじゃない。ソープが合法なら、ヤクザの博打(ばくち)だって認められて当然なわけで、同じ穴のムジナなのに、片方が合法で、もう片方が違法という不公平がまかり通っている。だったらソープの上がりは、ワリを食ってる者で分配するのが道理ってもんだろう」(広域組織二次団体総長)

ソープランドにはこうしたイチャモンをはねつけられない弱みがある。明らかに管理売春を行なっているからだ。ヤクザの独善的論理からすれば、寄生して当たり前の対象といっていい。

ときたま警察が、見せしめとして摘発を行なうが、基本的には黙認状態で、大多数の市民が金でセックスを買う場所と認識している。どうして合法かといえば、建て前上は「個室付き特殊浴場」としてお上(かみ)に認可されているからで、セックスは、あくまで本人たちの合意の上の行為なのだ。背中を流す係の女性店員が、店のあずかり知らぬところで自由恋愛のもと、股を開いている。だから、これは管理売春ではない、というわけだ。

こじつけともいうべき解釈によって、なんとか合法産業となっていても、現実には日常的に犯罪行為を行なっているわけで、御天道様の下を堂々と歩けないことに変わりはない。そのため、昔からソープランドのほぼ100％がヤクザの資金源だった。売春防止法以前も売春暴力団は存在したが、以降、売春産業はヤクザの主要なシノギとなり、今に至る。独特な論理を使って堂々と管理売春を行なうシステムは、任侠道を建て前としながら暴力を糧に違法な商売をするヤクザとそっくりで、両者はダブルスタンダードがはびこる日本社会の縮図といっていい。

カスリは店の料金によって違うが、入店料とサービス料の合計金額のざっと1割がヤクザの懐に入るという。総額2万円の大衆店なら2000円。5万円の高級店なら5000円。街頭で客を拾う街娼――俗にいう「立ちん坊」は、上がりの半分をヤクザに持っていかれるから、それと比較すればずいぶん安い。

「こういう仕事をしていれば、仕方ないことだと思ってる。私たちが直接払うわけでもないし、普段は特別意識したことなんてない」（東京・吉原のソープ嬢）

歌舞伎町などでは、チャリンコに乗って立ちん坊から所場代を徴収して回るヤクザの姿をよく見かけるが、売春婦に聞いてみると、店にガジられるか、ヤクザにガジられるかの違いで、特段、ヤクザに搾取されているという意識はないらしい。

ヤクザたちもオメコの汁で飯を食うのに抵抗はなく、とある広域組織の会長も「からだを売って働いてる女性を守ってやるのは当然だと思う。あれほど苦労して頑張ってるんだから、見て見ぬ振りはできない」と、誇らしげに語っていた。金さえもらっていなければ頷けなくもない論理だが、こうしたヤクザの言い分はどこまでいっても理解不能である。

直接経営に乗り出したヤクザたち

だが、最近ではこうした搾取にも、ようやく歯止めがかけられるようになった。警察が強硬にヤクザとの関係を断絶するよう、圧力をかけてきたのである。きっかけは、昭和63年2月に施行された新風営法。この法律によって、個室付き特殊浴場も国に管理される対象となり、以降、ソープランドを取り巻く環境が一変した。かつて、特殊浴場の廃止法案を阻止するために生まれた全国特殊浴場連合協会は、ヤクザとの関係を一掃するよう迫られたのである。

「認められているとはいっても、あくまで黙認。警察がガサを入れよう思ったら簡単なんです。毎日毎日、女の子は売春してるんやから。それは警察も知っとるわけだから。ただ一応おめこぼしで、しょうもないことせえへんかったら、みんな同じことしてるんだから、まぁええやろ、という論理。警察がその気になったら、ソープなんてすぐ潰せる。我々は警察に首根っこを押さえられているわけで、逆らうことなんてできない」（大阪のソープランド業者）

もちろん警察がどこまでも守ってくれるなら、用心棒がヤクザから警察に変わるだけで、なんの問題もなかった。だが、一方的に突きつけられた三行半を素直に受け入れるほど、ヤクザたちは物分かりのいい人種ではない。

非合法と合法の狭間で揺れ動くソープランドは、新風営法の施行以降、裏と表の番人双方のメンツを立てている。面倒くさいことこのうえないが、それがソープランドの宿命なのだ。

最近では、警察の圧力は強くなる一方で、合法のファッションヘルス店などは、かなりの業者がミカジメ料を払わないようになっている。ただし、ソープランドのように実態が非合法の業種は、完全にはヤクザとの縁を絶ち切れないだろう。また、表面上は禁止されているはずのヤクザによる売春婦のスカウト・斡旋も、現実にはいっこうになくなっていない。ヤクザが女を世話した場合、その女が売春を続けている間は継続して一定の金がヤクザに入る。

もっとも、ヤクザにはかなりの危機意識があって、今後は警察の圧力がいっそう厳しくなると見ている。そのため、豊富な資金を背景に、ソープランドの経営に直接乗り出す組織もあって、今は直営店が幅を利かせているようだ。

ヤクザがいなければカニを食べられない!?
漁業や農業の流通に入り込む地方の極道組織

地方では、現代ヤクザが資金源としている〝社会の隙間(すきま)〟が限られている。あまりに人口密度が低いため、ヤクザが寄生する場所がほとんどないのだ。

たとえば北海道を例にとると、この地の経済は中央の補助金に依存する部分が大きく、自力で生きていけるだけの体力がない。

「北海道には観光や農業・水産業をのぞいて、めぼしい地場産業がない。建設業もジリ貧で、北海道開発をお題目にする多額の補助金により、かろうじて生き延びているにすぎない」(北海道で勤務経験を持つ新聞記者)

こんな脆弱(ぜいじゃく)な経済では、ヤクザを食わせる余裕が生まれないのである。そのため、北海道のヤクザは第一次産業に寄生することが多く、具体的にいえば、密漁などの水産資源がシノギとなる。事実、北海道の代表的な水産資源であるカニは、その大半が密漁に頼っている。

「漁協だって密漁を黙認している。密漁するといっても、よそ者が漁師のテリトリーを荒らしているわけではないからね。地元の漁師がロシアとの国境ギリギリ、もしくはそれを越えた場所でカニを捕ってくる。もし密漁船からの水揚げがなければ、漁獲量は半分以下に落ち込むだろう。そんなことになれば、漁師、加工業者、レストラン、料亭など、あらゆる分野が打撃を受ける。ここ数年、取締まりが厳しくなっているとはいっても、海上保安庁と警察の連携がうまくいかないせいもあって、捕まるのは氷山の一角」（同）

カニの密漁では、ロシア漁船から買い取る場合もあるという。その際、どうしてもロシアマフィアと交渉せねばならず、そこにヤクザの介在する余地が生まれる。規模が大きな取引になることもあって、国内で行なわれている他の密漁とは、緊張感が違うらしい。実際、現地に交渉に出かけたものの、氷詰めの棺桶（かんおけ）に入って、無言の帰国をした住吉会幹部もいた。相手や状況がはっきりしないため、ヤクザ組織が報復することもかなわない。カニの密漁は、他のシノギに比べて命を落とす確率が格段に高いのだ。

その他、ナマコは中国で高級珍味として売れるようになったため、カニと並ぶ密漁の大きな柱になっている。

「ナマコは浅い海域にいるもんで、密猟するにも大した設備が必要ない。けど、これは地物漁師の上前をはねるわけで、逮捕される確率が高いね」（東日本某組織幹部）

カニとは違い、お上にとっては黙認できないものであり、手間のかからないぶん、リスクはでかいのである。

リンゴ泥棒、サクランボ泥棒とヤクザ

西日本にも、密漁を大きなシノギとする組織がある。山口組に関する警察資料を見ると、沿岸部に本拠を持つ二次団体は、かなりの確率で密漁をシノギとしているようだ。宮崎県で「鰻の稚魚の取り扱いに関する条例」が制定され、違法採捕のシラスウナギをシノギとしていた暴力団が排除されたのは、今から10年ほど前。現在の主流はクジラで、某指定団体の事務所は、ヤクザたちから「クジラ御殿」と呼ばれている。

漁業には、他にもヤクザが介入しやすい曖昧な部分が多い。たとえば、鳥取港には観光客相手の「かろいち」という生鮮市場があるが、実をいえば鳥取港にはたった6隻しか漁船がない。一部をのぞき、他の港であがった魚を「鳥取港獲れたて」として販売している。

実際、ここの食堂で食べたウニ丼があまりにまずく、苦情をいったところ、店主が官民そろって観光客を騙している事実を告白した。鳥取港とヤクザの関係性は定かではないが、密漁品を欲しがる市場はどこにでもある。こんな嘘がまかり通っているかぎり、ヤクザにとって、密漁はおいしいシノギであり続けるだろう。

また東北の農家で、ときたまリンゴやサクランボなどが大量に盗難されることがある。実行犯は窃盗のプロだが、この流通には地元農協と結託したヤクザが絡んでいる。

オタクの聖地「秋葉原」とヤクザの意外な関係

はっきり「ノー」といえない人間相手のシノギ

オタク文化の発信地として、全国的に有名になった秋葉原だが、最近、ヤクザたちがこの地に目をつけているという。これまで、違法コピーのコンピュータソフトやDVDの販売業者、盗品の電化製品を買い取るブローカーなど、秋葉原でも闇勢力は暗躍してきたが、一般的にいえば、ヤクザには似つかわしくない場所だった。しかし、こんな声がある。

「秋葉原にはどんどん風俗店がオープンしている。大半は合法許可店だが、客は過激なサービスを望むようになるからな。店が法を犯せば、シノギに直結するわけだ。そのうえ秋葉原で遊ぶ客は、他の繁華街には行かない。ここでのウラ商売は一度当たるとでかい」（広域団体幹部）

また、ヤクザたちの一部は、ここでドラッグ売買を展開しようともくろんでいる。秋葉原を管轄する警察署は、渋谷や新宿といった場所と違い、ドラッグ売買を取り締まった経験に乏しいため商売がやりやすく、そのうえ、潜在的な需要がかなりあるというのだ。

「俺たちにはよく分からんが、コンピュータとシャブは相性がいいらしい。普通のポン中はシャブを打って何日もぶっ続けでセックスをするが、オタクたちはコンピュータと向き合うわけだ。実際、ゲーム喫茶にはポン中がうようよいる」（都内をテリトリーとする覚せい剤の密売人）

うまい具合に販路を作れば、飛ぶように売れるともいうが、ドラッグに対して免疫のない人間が、それほど簡単に顧客になるかどうかは疑問だ。「あいつらは、インターネットでドラッグの知識だけは持ってるからな。心配ないだろう」（同）とはいうものの、ただし、ヤクザ丸出しではオタクたちから敬遠される。ヤクザとはまったく無関係という偽装が必要だという。

「バカラハウスがあれだけ流行ったのは、賭場はヤクザが仕切っているから怖いが、バカラなら大丈夫だろうという、客の思い込みがあったからだ。非合法の商売でも、嫌われもんが表に出ちゃいかんわけよ」（都内の独立組織三次団体組長）

また、秋葉原でキャッチセールスの会社を作ったヤクザもいる。はっきり「ノー」といえない人間を相手に、詐欺まがいの商品を売り抜け、代金の回収は関連の闇金が行なうという。最初からローン会社を用意し、高額商品を売りつけるのは、キャッチセールスの常套手段で、全国的に被害が出ているから、秋葉原がそのターゲットになってもおかしくはない。

「渋谷で広まった手口は、若い女を相手に高額な化粧品を売る方法。秋葉原で化粧品

というわけにはいかないだろうが、オタクたちを相手にプレミア商品の偽物を作ってもいい」――(同)

市民権を得たために、ヤクザたちから目を付けられるのだから、オタクたちも災難である。

ヤクザに寄生するカタギたち

グッズの製造業者、葬儀屋、義理事の撮影カメラマン

警察やマスコミから社会のダニと激しく非難されるヤクザだが、世の中にはヤクザに寄生する人種もいる。

組織から仕事を請け負う業者は、かなりおいしい思いをしているようである。

たとえば組織のノベルティグッズ。ときおり大手のオークションサイトに出品されるが、信じられないほどたくさんのバリエーションがあって、数年前には週刊誌が「山口組代紋入り腕時計」の写真を掲載し、山口組の当事者が処分された。

そうしたグッズの製造を請け負ったり、仲介するだけでも、かなりの売上げになるだろう。

代表的なのは、代紋・組織名称入りの湯飲み、灰皿などで、当方のコレクションをひっぱり出してみたところ、ネクタイ、ネクタイピン、カフス、ペンダントヘッド、ネックレス、ジャージ（某広域組織本家の部屋住み専用）、ジャンパー、ライター、扇子、日本手ぬぐい、袱紗、車用のエンブレム、重箱、果てはＩＣレコーダー（商品横に組織名入り）、万年筆、文鎮などの文房具もあった。携帯電話のストラップのように

簡単にオリジナル商品を作れるものは、それぞれの趣味に合ったものを製作するようだ。

こういった場合、普通の業者に引き受けてもらえないこともあって、ヤクザはかなりの金を払っている。

「暴力団の依頼で仕事をしていると警察にバレたら、嫌がらせされるかもしれない。たいていの業者が、なんだかんだといって逃げるなかで、せっかく引き受けてくれたんだから、そのぶん上乗せして当然だろう。仕事にもよるが、相場の倍は払っているんじゃないか」（広域組織幹部）

撮影だけで１００万円もらっていたカメラマン

葬儀業者なども、同じくうまみがある。もともとがボッタクリ相場のうえ、ヤクザの葬儀ともなれば迷惑料が上乗せされるから、組織にうまく食い込めばかなり儲かるのだ。

そのうえヤクザの葬儀は、組葬（来賓がヤクザ）と一般葬（一般客が焼香）といった具合に、豪華な葬儀の二本立てになることが多く、毎月コンスタントに仕事もあるというから、ヤクザ専属業者になっても充分食えるはずだ。

ただ、こうした利権は、組織の代目が変わると業者選定の権利を持つ実力者も変わり、業者は総入れ替えとなるから油断は禁物だ。

なかには、ちゃっかりしたヤクザもいて、自分の親戚がやっている会社を指定業者にしていることも多い。たとえば、葬儀、襲名式にかかわらず、ヤクザの義理事ではビデオ業者とスチールカメラマンが撮影を行ない、豪華なビデオやアルバムを納入するのが一般的で、こうした業者には、組織の血縁者が多いようである。

スチール撮影の場合、経費を別にして1回10万円程度のギャラで、営業写真の仕事としてはかなり高額だろう。もちろん組織や規模によって増減はあり、100万円のギャラをもらっていたカメラマンもいた。

ただし、どれだけ深い縁があっても、ヤクザの気前の良さにつけ入り、調子にのって多額の経費を計上していれば、突然解雇になってもおかしくない。いくら親分が気前よく金を払っていても、それを苦々しく思っている幹部たちは、厳しくチェックしているのだ。

某広域組織専属カメラマンだったKさんは、数々の不正請求がバレ、その後、突然クビを切られた。カメラマンとしてのスキルは写真学校の学生以下だったから、他の仕事にありつけるはずもなく、何をしているのか心配である。

まぁ、年収数千万円で税金も払わず、かなり貯め込んできただろうから余計なお世話だろうが……。

ミカジメ料の時代は終わったか？

警察の「撲滅宣言」が空々しく聞こえる繁華街の現実

ヤクザたちは、警察がいうほどミカジメ料に依存していない。

よくマスコミが「水商売の店舗数×平均相場＝繁華街から上がるミカジメ料の総額」といった試算をするが、こうした金額は実態とかなりかけ離れているはずだ。

それは都内の繁華街を根城としながら、企業進出に失敗したヤクザ組織の経済状況を見れば分かる。

「街場（ネオン街）で生きるヤクザは今や少数派。金回りのいいのは公共工事に食い込んでいる地方だ」（東京の繁華街を根城にする広域組織幹部）

地方都市では、飲食店からミカジメ料はほとんど取れないという。

大阪のミナミなども、まともな店はほとんどヤクザにミカジメを払っていないだろう。警察が、いつまでも「ミカジメ料根絶」を叫ぶのは、もしかすると地元飲食店から協賛金を取りたいからではないかと邪推してしまうほどだ。

とある組長が「そのへんをうろうろして客引きしとる黒服に、『月5万ずつ持ってこい』といえば、けっこうな金になるのに……」といって、当世の若い衆のことを嘆いていたから、今の若いヤクザは、ミカジメ料をヤクザのシノギと認識していないのかもしれない。

もちろん、御天道様の下を堂々と歩けないようないかがわしい業種なら、まだミカジメは取れる。性風俗産業でも、ヤクザにガジられているのは、ほとんどが無届けの店だ。

ただし、こうした業種には、ヤクザがどんどん進出を始め、ホテトルなどはまず間違いなく、ヤクザ直営店となった。

1週間ほどホテトル嬢の運転手をやってみた経験からいえば、ヤクザたちの経営は、完全な管理売春をやっているという一点をのぞき、かなりまともという印象で、売春婦をはじめ、ヤクザ直営店で働く従業員たちは、びっくりするほどヤクザの肩を持つ。

「裏稼業も信用第一。ホテトルだろうがバカラハウスだろうが、ちゃんと商売してなきゃ客はつかない」（独立組織幹部）

払ういわれのないミカジメ料を搾取されながら、「そのぶん、ちゃんと面倒を見てもらっている」と、ヤクザに恩義を感じる経営者に出会うと面食らうが、案外、嘘いつわりのない本音かもしれない。

東京は比較的ミカジメ料に寛容で、正月の飾り物をヤクザから購入する店は多いし、普段の付き合いを必要経費として割り切っている経営者もかなりいる。

警察とヤクザ両方の顔を立てなきゃ……

ところで、2006年12月7日、新宿の京王プラザホテルで「みかじめ料等不払い宣言」大会が開かれた。新宿区内にある4つの警察署と新宿繁華街犯罪組織排除協議会が主催したもので、町内会役員や飲食店、風俗店などから多くの参加があったという。

馬鹿馬鹿しくてのぞきに行く気も起こらなかったのは、こうした警察主導の住民運動には、ほとんど実効性がないからだ。集会に何千人集まろうと、店舗にお揃いのステッカーを貼ろうと、それは警察のメンツを立てているだけで、経営者はそのウラでヤクザとも付き合うだろう。

「ウチらにしてみれば、誰にも邪魔されずに商売ができればいいんですよ。警察に睨まれたら摘発されるからいうことはきくが、さんざんたきつけるくせに、ヤクザから嫌がらせされたときに泣きついても、助けてくれないからね。

これじゃあ、誰も本気でヤクザとの付き合いを絶とうなんて思わないでしょう。これからは、どちらの顔も立てるのが一番いい方法じゃないの？」（歌舞伎町の風俗店店長）

警察も、こうした両面外交は重々承知のようで、発起人である警察庁・竹花豊生活安全局長（当時。後に退職）は、「彼らが跳ね上がった反撃をしてきたときがチャンス。

それが何度かくり返されたあと、この運動の成果が見えてくると思う」と語っている。

噛み砕いていえば、「ミカジメ料を払わなければヤクザは誰かを襲う。怪我をさせられても殺されても意志を曲げなければ、徹底的な取締まりを行なって暴力団に壊滅的な打撃を与えられる」

という意味だ。叱咤激励のつもりでも、警察が暴力団の凶暴性にお墨付きを与え、犠牲が不可欠と宣言しているようなものではないのか?

そのうえ、言い出しっぺの当人が辞職したのだから、参加者も複雑な心境だったに違いない。

「(ミカジメ料を)厳しく取り締まれといわれても、(経営者たちからの)協力がない。新しい法律でもできれば別だが、これまでだって、可能なことはすべてやっている。霞が関(警察庁)は支店(警察署)のことをよく分かっていない。キャリアが机上で考えたって、暴力団の取締まりはできない」(新宿区内の某刑事)

警察官からも疑問の声が聞こえ、板挟みにあう現場の苦労を考えると、同情を禁じえない。

同和利権から宗教にシフトするシノギ

博打や女にハマった不良坊主がいればしめたもの

　怪しげな新興宗教の多くにヤクザのケツ持ち（用心棒、後ろ盾）がついている。どうしてケツ持ちが必要かといえば、宗教法人に与えられた数々の優遇措置（納税の免除など）を悪用し、あこぎな金儲けをしているエセ宗教家が多いからだ。役人や警察には「うちは宗教法人ですから」という言い訳ができても、ヤクザには通用しない。不正に寄生するのはヤクザの常道。これだけ多くの宗教法人が食い物にされている現実を見ると、法律を見直すべきだと痛感する。

　宗教法人側からヤクザに接触してくることも多い。ヤクザは脱法のプロであり、何をしたら捕まるか、捕まった場合はどのくらいのリスクがあるかを熟知しているため、脱法の指南役としては最適なのだ。洗脳が解け、脱会騒ぎを起こした信者を抑えることもヤクザならできる。

　知り合いの三次団体組長は、自分でも宗教法人の名刺を持っており、本人曰く「トラブル解決係」とのことだった。マスコミ対策などもそのひとつで、彼がつぶした宗教絡みのゴシップ記事は、両手では足りないらしい。

周知のとおり、ヤクザは同和利権に食い込み、巨額の税金を吸い上げてきたが、それは差別を大義名分にすると、公共事業の受注などで無理が通ったからである。宗教法人に寄生する理由も似たようなもので、お布施などのあぶくゼニがうなっている世界だから、ヤクザにとっては最高の金づるなのだ。同和対策事業に対する優遇措置が見直されつつある今、ヤクザは次第に宗教団体との関係性を強めている。

山口組武闘派と巨大宗教団体

宗教法人が行なう墓苑ビジネスは、格好のシノギだ。暴力的威圧で行政に圧力をかけたり、独自のコネで業者を束ねているヤクザは、絶好のコンサルタントとなる。反対運動潰(つぶ)しもお手の物で、たとえば、かつて創価学会が静岡県で行なった墓苑開発では、山口組の武闘派である後藤組（2008年に後藤忠政組長が山口組から除籍処分を受けて解散）が後ろ盾となった。土地の造成に反対する住民を日本刀で斬(き)りつけるなどの事件を起こし、これによって後藤組は24億円の利益を得たといわれる。

創価学会の信者になり、高額のお布施（財務）を納めているヤクザは多い。苦労の絶えない姐さんともなれば、神頼みの気持ちが高まるからか、信者の割合はもっと増え、山口組の武闘派として知られる山健組初代・山本健一組長の姐さんもそうだった。後藤組のしたことは、創価学会がヤクザから吸い上げた金を取り戻したといえなくもない。

余談になるが、後藤組の後藤忠政組長は、数年前にアメリカの大学で肝臓移植を受けている。本来、ヤクザ組織の構成員はアメリカに入国できないが、某宗教団体関係者が話をつけ、病院の段取りをしたのではないかと噂された。その後、青山の土地をめぐる嫌疑で逮捕されてから、後藤組長はからだの調子を崩し、再び渡米を試みたというが、アメリカ行きは実現しなかった。

理由は、前回の渡米の際「手術の機会をマネーロンダリングに利用したのではないか」とアメリカ国内で騒がれたからで、アメリカのマスコミ関係者に話を聞いたところ、事件化も検討されていたという。結局、立件は見送られたが「たくさんのドナーが移植を待っているのに、どうして日本のヤクザが優先されるのか」という不満を持つ市民が急増したため、今後、ヤクザが渡米して肝臓の移植手術を受けるのは難しくなるだろう。

寺の敷地をめぐって発砲事件

今でも、多くのヤクザが墓苑の建設に携わっており、数カ月前に取材した墓地は、政令指定都市の一等地にあり、かなりの規模だった。墓の価格も相場より2割ほど高かったがすでに完売し、今は隣の山に墓苑を広げるべく、行政に根回しをしているらしい。

こうしてみると分かるとおり、宗教法人がヤクザと関係を持つきっかけは、彼らが抱える莫大な土地資産にある。都心の一等地に広大な敷地を持っている不良坊主など、まさにカモネギだ。数年前にも、都内にある寺の敷地をめぐって発砲事件が起きた。このときは任侠系右翼もからんで死者が出た。

「博打や女にハマった坊主がいれば、かなりの資金を投入して助けてやっても充分、元が取れる。恩を売ったあと、息のかかった人間を事務局員として潜り込ませ、こちらで資産を管理できるようにする。そうなったらしめたものだ。あとは建設業者と打ち合わせして、マンションを建てるなり、どうにでもなる」

ひっかけやすいのは仏教系で、カトリックなどのキリスト教会は、こうした誘いに乗ってこないという。これだけで結論を出すのは早急とはいえ、裏社会の視点で見ると、仏教はかなり退廃した印象である。選挙の票集めでヤクザと連携し、政治家を抱き込む坊主もいて、ここまでいけばどちらがヤクザなのか分からない。表社会に進出しにくいヤクザにとって、宗教法人は格好の隠れ蓑となるため、今後も両者の蜜月関係は続くだろう。最近では医療法人に目を付けているヤクザもいる。宗教団体同様、優遇されている部分が多いためだ。

ヤクザが国際空港を作ったってホント？

談合の仕切り役となって巨万の富を得た極道

ヤクザが公共事業に寄生しているのは、周知の事実である。税金でヤクザを養っているわけで、納税者にはひどく不愉快な話に違いない。

自治体によっては、ヤクザからの不当要求（迷惑料の請求や、下請け仕事受注の強要など）があった場合の通報を義務づけ、違反した業者を指名停止とする厳しい条例を作っているが、ヤクザがこれほどおいしいシノギを易々と手放すはずもないだろう。金を出し渋れば、いっそう暴力的に脅してくるのは明らかで、行政や業者に対する暴力事件は増加する一方だ。

実際、筆者が日常的に取材している組織の組員は、工事現場に乗り込んで、親方と作業員を撲殺した。工事関係者の家族に対する嫌がらせも増えており、社長の息子が刺し殺された事件もある。どうして問題視されないのか分からないが、ヤクザがカタギに手を出さないなどというのは幻想でしかない。自分が命の危険にさらされても、本気で暴力と対峙できるのか、社会は決意を問われている。

ヤクザが公共事業に食い込めたのは、入札のほとんどがやらせで、ごく当たり前のように談合が行なわれてきたからである。暴力を背景にしたヤクザが仕切っていれば、多少の不満があっても文句などいえないわけで、談合がスムースに進むのだ。

「専門的な知識などなくても、談合を仕切るだけで数千万単位の金が入ってくる。フロント企業を持っていれば、そこに優先的に仕事を回すこともできる」（独立組織幹部）

大規模な国家的プロジェクトも例外ではなく、関西空港や中部国際空港などは、ヤクザが作った空港といっていい。周辺取材をすると、少なく見積もっても総工費の1割、もしかすると3割強がヤクザの懐に入ったらしく、六代目山口組を襲名した司忍組長の出身母体である弘道会も、空港と万博で巨額の金を掴んだといわれる。

また砂利の利権と産廃処理では、全国どこでもヤクザの関与がおおっぴらで、親分に内緒で利権を懐に入れた山口組直参組長が、謹慎処分になったこともあった。

余談だが、ダンプの運ちゃんたちが作っている無線コミュニティも、ヤクザの大きな利権だ。

1台当たり1000円から2000円程度の会費を徴収しており、単価は安いが数が多いだけあって、けっこうな金額になるという。トラックにもこうした団体はあって、高速道路を走っていると、モロ、ヤクザの代紋としか思えない「無線の会のシンボルマーク」をよく見かける。会費を払い、こうしたステッカーを貼っていると、余計なトラブルを防げるというが、ヤクザに寄生され、搾取されているにもかかわらず、運ちゃんたちには暴力社会に憧憬を持っている人間が多いようで、当事者たちに問題意識は少ない。実質、ヤクザ予備軍のようなケースもあり、暴走族の精神構造と似ている部分がある。

検察が追及した名古屋財界と弘道会の関係

話を公共工事に戻すと、警察もようやく名古屋の裏利権にメスを入れようとしており、水谷建設社長の逮捕劇（同社による法人税約11億4000万円の脱税容疑）から始まった一連の捜査を、山口組の司令塔である髙山清司若頭逮捕に繋げたいようだ。まずはしっかり周囲を固めてから、警察は本丸に突入するつもりらしい。

「逮捕された水谷建設の社長は、すべてを洗いざらい話しているようだ。警察は本丸に突入するつもりらしい」（全国紙記者）

だが、裏金の授受は立件が難しく、水谷建設から出た金が相手に届いたかどうかを証明するのは困難を極める。山口組関係者も、水谷建設社長がペラペラうたっている（自白している）のは承知しており、充分な対策を取ってくるだろう。

そのなかで注目を集めているのは、S社の存在だ。中堅ゼネコンである水谷建設が、汚れ役を引き受けることで発展してきたのと同様、このS社も、ゼネコンとヤクザの間に立ち、調整役を果たすことで、会社規模に見合わぬ存在感を築いてきたという。社長は髙山若頭の幼なじみという話もあって、かねてから弘道会のフロント企業ではないかという噂も絶えなかった。検察は、このS社を突破口にして名古屋の建設業界にはびこる談合事件を立件、そこから高山若頭逮捕に繋げようというのである。
「(S社の)社長の逮捕は、まず確実と聞いている。だが、水谷建設の社長とは違い、Uはすべてを墓場まで持っていく腹積もりだろう。それだけ信頼できる男であることは間違いないし、だからこそS社の規模では、とうてい不可能な仕事をこなしてこれた」(名古屋の裏事情に詳しい経済記者)
何しろS社は、日本を代表する大企業とも関係がある。巷間ささやかれている「弘道会のフロント企業説」が正しく、もしすべてをしゃべれば、名古屋の政財界を巻き込んだ大問題になる。
山口組に関する怪文書にも、この話が書かれていた。怪文書の常で信憑性の薄い話が多いとはいえ、かなりの数の組織にばらまかれたようで、高山若頭逮捕の噂が消えない原因のひとつとなっている。

＊水谷建設の社長にはその後、法人税法違反罪で懲役2年の実刑判決が下った。弘道会との接点については解明されなかった。
＊山口組の高山若頭は2010年11月、恐喝容疑で京都府警に逮捕された。

総会屋は絶滅したか？

代わりに警察ＯＢを〝ケツ持ち〟にした企業の新しい悩み

数年前、元祖総会屋と呼ばれた元ヤクザが、東京を離れ故郷に戻った。「警察が総会屋しとるんだから仕方ない」とぼやいたが、98年の商法改正後、企業がこぞって警察ＯＢを雇い入れたことを指しているのだろう。実際、全盛期には８０００人近くいたとされる総会屋は、当時のわずか数％しか残っておらず、それに反比例して警察の天下り先が増えている。ヤクザからすれば、パチンコ利権同様、警察に米櫃を荒らされたと考えるのは無理もない。

ただ、俗にいう総会屋の活動が下火になっても、ヤクザは別の方面から企業を狙ってくる。デパートの食品売り場にどなり込み、「弁当に虫が入ってた！　責任者を出せ！　誠意を見せろ！」と騒ぎ立てるチンピラ程度なら、なんのスキルもないマル暴あがりの渉外担当でもさばけるだろうが、しっかりした防衛対策を考えていないと、思わぬ逆襲にあうはずだ。

うちには警察が付いていると思い上がり、ヤクザをなめていると大怪我をする。煽るだけ煽っておきながら、途中ではしごを外してしまうのは、警察の十八番なのだ。

数年前、秋の神戸国体の際、神戸市内のホテル6社が連携し、「神戸ホテル6社会暴力団排除連絡協議会」を結成、これまでホテルを利用してきた山口組直参組長に「今後一切の利用を拒絶する」旨の内容証明郵便を発送し、山口組を激怒させた。

山口組は、実際これらのホテルの上得意だから、突然の絶交宣言に腹を立てたのも理解できなくはない。結局、この騒動は、市営駐車場で大規模な街宣活動をくり返した山口組系右翼団体に神戸市が悲鳴を上げ、うやむやのまま終わった。

以前、山口組系幹部に呼び出された際、某ホテルを利用したから、この喧嘩は、おそらく山口組の勝利に終わったのだろう。警察と連携していても（大手ホテルには、必ず警察ＯＢが天下りしている）、ヤクザとの決別は生半可な気持ちでは成功しないのだ。

「事なかれ主義が蔓延した企業はどこにでもある。総会屋にしても、経営責任や不祥事を隠蔽しようという企業の意識があるから、生きる道があった。表ではどれだけ立派なことをいっていても、裏で協力を依頼してくる企業が必ずある。昔のような無理をしなければ影響はない」

ヤクザたちは、自分たちのことを必要悪だと認識している。それを肯定する企業がひとつでもあれば、どれだけ暴力団排除運動を推進したところで無駄になる。

最近では、さすがに代紋の入った名刺を振りかざし、直球勝負で企業を恐喝してくるケースはほとんどないというが、代わりにフロント企業の巧妙さが企業を苦しめている。

フロント企業の賢い見分け方

取引先はヤクザ資本だった、という例が増えている

近年、警察庁主導で、「フロント企業」という名称が見直され、「暴力団関連企業」と呼ばれることが多くなった。フロント企業の由来は、アメリカマフィア組織が表社会で経済活動を行なう際、ダミーとして利用する企業やその代表者を「フロント・マン」と呼んだことにある。日本人には意味が分かりにくく、おまけにちょっとカッチョイイ響きなので、警察としては、おどろおどろしい呼び方に変えたいのかもしれない。

もっとも、名称がどうであれ、ヤクザが実質的に経営している企業を指すことは同じだ。ヤクザ組織の地下潜行が進み、総会屋が激減した今、一般企業にとってフロント企業は最大の脅威だろう。いつ取引先になるとも限らないからだ。

ヤクザの企業活動は、アメリカマフィアの歴史をトレースするように動いている。政府の対応もまた同じである。組織暴力に対する日本の未来は、今のアメリカを見ればおおよそ予想がつくから、将来、ヤクザ組織が非合法化され、それにともないフロント企業も存在自体が悪となれば、企業の苦労も激減するはずだ。だが現状では、偽

装を進めるフロント企業の実態は分かりにくく、特別な法規制もないため、それぞれの企業が独自に防衛策をとるしかない。

「あそこはフロントなんでしょうか？」

実は多くの一般企業が、フロント企業に関する情報を欲しがっており、当方のもとにもときどき、「あそこはフロントなんでしょうか？」という問い合わせが舞い込んでくる。

「今のフロントは、経営者に暴力団本人はおろか、家族・親類の名前さえないものが多い。怪しいと思っても、どうやってフロント企業を見分けるかは困難」（当方に企業調査を依頼してきた製造業某社）

警察は詳細なリストを作っているが、個別に問題が起きないかぎり原則非公開で、各地の暴力追放運動推進センターも、協賛金を払っていない企業には冷たい。大企業は独自にリサーチしているだろうが、中小企業にそんな余裕はないだろう。それにフロント企業か否かは、警察さえ判断できない場合もある。専門の調査会社を作れば、かなり需要があるだろうし、実際、フリーでこうした企業調査をしているジャーナリストもいて、かなり儲（もう）かっているようだ。

「日本企業だけでなく、今は外資系からの依頼が多い。彼らは細かな情報より、取引しようとしている相手がフロントなのかどうか、はっきりした答えを欲しがる」（主

にアメリカ企業の依頼で企業調査を行なっている元新聞記者）

フロント企業の調査は、まず商業登記簿の履歴事項を調べ、ヤクザやその関係者が役員に就いているかどうかをチェックするのが基本。これは警察も行なっている初歩的な調査で、M&A（企業買収）により、ヤクザに乗っ取られた企業の場合、役員を総とっかえしたり、事業内容を変更するといった具合に、なんらかの痕跡が残っていることが多い。慣れてくると意外な事実が見つかる。クロスワードパズルで暇つぶしをするなら、登記簿謄本で、フロント企業探しをしたほうがよほど楽しいと思う。たとえば先日、アニメ関連グッズを販売する会社の本拠が移転し、以前、取材で訪ねた広域組織の予備事務所に移っていた。調べてみると、無骨で任侠一筋といった風情の親分は、実はかなりのアニメオタクで、なかでも『エヴァンゲリオン』のファンらしい。趣味が合うので再取材する予定だ。

「暴力団排除条項」の使い道

弁護士会などでは、フロント企業かどうかの見分け方として、以下のようなチェック項目をあげている。

- ●こちらから連絡を取りにくい。
- ●電話が威圧的、かつ不自然。
- ●担当者がよく変わる。

●責任者の肩書きを持っていながら自分で判断をしない。
●公的規制の知識に乏しく、それを平気で無視する。
●白紙委任状や実状と異なる契約書、代表者印や株券の預託を求めてくる。
●商談時に過剰な接待をし、政治家や信用ある企業・団体との結びつきを強調する。

ようはヤクザ気質が、そのまま企業のカラーになっているかどうかをチェックすることが、大事だということだろう。

ただ、本当に困っているなら、相手の会社に直接足を運ぶことをオススメしたい。当方の経験でいえば、どれだけ偽装しても、調度品や話し方、従業員の態度や会社の雰囲気に、必ずヤクザの臭いがあるからだ。社長室にかかっていたカレンダーに「任侠社」と書いてあったときはずっこけたが、テレビの下にヤクザのVシネマや、襲名披露式のDVDなどが完備されている企業もあった。

一方で、こうした情報収集を除く最も有効な防衛手段は、企業取引の契約時に、「暴力団排除条項」を加えることである。賃貸不動産の契約時には、かなり以前から行なわれていたもので、「暴力団であることを隠して契約したことが発覚した場合、無条件で解約」できる旨を、あらかじめ契約書に明記しておくのだ。

ただし、フロント企業であると証明できなければ排除条項も無意味になるから、暴力的言動や脅迫的行為があった場合は、どんな企業に対しても、契約を破棄できるように取り決めておくほうがいいかもしれない。

第4章

暴力のトリビア

暴力団の防弾グッズ大公開

防弾車の耐久実験、仮想敵の情報収集活動

現代のヤクザ抗争は、スピードの勝負である。まごまごしていると、すぐに上部団体が和解してしまう。わずかな時間内に暴力的なアピールをどれだけできるかが命運を分ける。

「はっきりいってやったモン勝ち。いや、殺したモン勝ちだ。どこに報復しようか、誰を飛ばそう（刺客として送り込もう）かなんて悠長に考えていると、何もできないまま抗争終結になる。そうなったら後の祭りだ」（関東独立組織二次団体幹部）

もっとも、抗争の実質的な勝敗は、見た目の勝ち負けとは違う。どれだけ派手に暴力を行使しても、和解の話し合いを有利に展開できなければ、喧嘩に勝って勝負に負けることだってあるだろう。だが、フツーの人々には裏社会の事情など分かりっこない。世間のヤクザ組織に対する〝評価〟は、ごく単純な見た目の優劣で決まってしまう。ヤクザの力を利用したいと考えるカタギたちにとって、それが組織を選別する際の物差しにもなる。暴力的なアピールにこだわるヤクザが多いのは、こうした事情もあるからだ。

武闘派団体は、狙ったターゲットを確実に仕留めるため、また、相手の攻撃を確実に回避するため、さまざまな努力をしている。防弾グッズの開発にも余念がなく、防弾帽子（タクシーなどの屋根から襲撃された場合に有効）や防弾スーツハンガー（防弾ガラスを装備していない車の窓にかける）、果ては防弾パンツまで作る組織もあった。

フロントガラスに撃ち込むと弾道がずれる

本気で抗争を考えている組織は、業界ではメジャーな防弾車ひとつとっても、耐久性の実験を欠かさない。

この装甲ならどの口径の銃まで安全か、手榴弾を投げつけられたらどうか……実際に自分たちの作った防弾車を用いて、バンバン銃撃してみるのだ。

「現実には滅多にないだろうが、同じ場所に3回弾が当たったらどうなるか、試してみなければ分からない。架装メーカーがいくら大丈夫だと保証しても、そんなデータはないからな」

さすがに国内での実験は不可能で、海外に車を運ぶというが、かなりのコストがかかることはいうまでもない。それでも、とある組織のトップは「こうした実験はヒットマンたち

防弾帽子

の訓練にもなるため、絶対に欠かせない」と明言した。

たとえば、車をフロントガラス越しに撃つと、弾道が微妙にずれ、なかなか思った場所に当たらない。2006年、道仁会から分派して九州誠道会が発足したが、その旗揚げ直前、誠道会傘下の村上一家幹部が何者かに銃撃された。しかしフロントガラスに銃弾を打ち込まれたおかげで、一命を取り留めている。

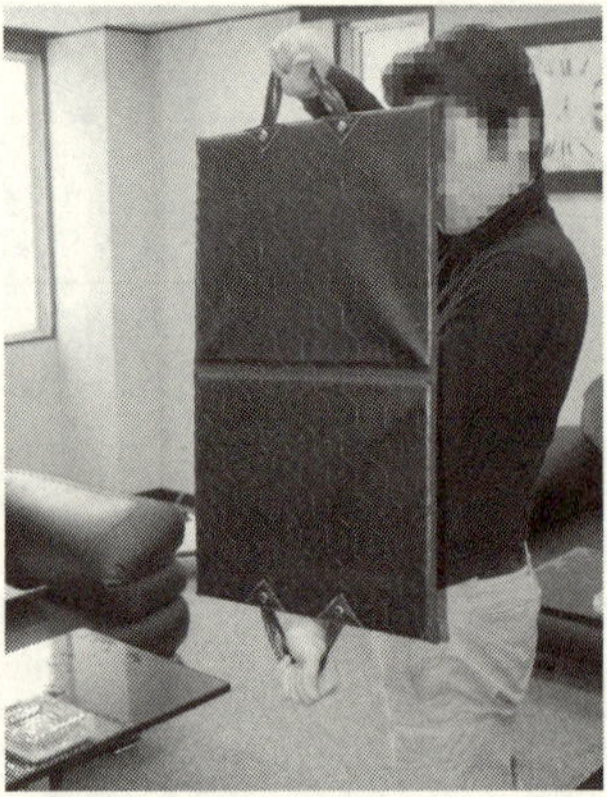
携帯用の防弾盾

ターゲットが車に乗っている場合、ヒットマンたちは側面から拳銃を撃つ。だが、事前にどれだけ弾道がずれるかを把握していれば、正面から撃っても仕留める確率は上がるだろう。
また、ヒットマンにバイクの運転の練習をさせることもある。
バイクによる襲撃は今や抗争の常道で、これは渋滞に影響を受けず、また盗難が容易だからと考えていい。それにバイクなら警察のNシステムにも引っかからないし、ナンバーを折っていても警官にとがめられることが少ないため、機動力と隠密行動には最適の移動手段といえるだろう。

「バイクには一番気を使う」

九州某組織のボディガードはいう。

「高速道路を移動中も、かっとんでくるバイクがミラーに映ると緊張する。停車中でも、一番注意するのは、やっぱりバイクだ」

拳銃の特性を知ることが命を救う

中野会による山口組宅見勝若頭殺害事件では、実行犯が車のナンバーから特定された。以降ヤクザたちは、名義を辿れない車を抗争用に用意するようになったが、バイクなら手間も予算もかからない。沖縄で旧中野会の弘田若頭を殺した実行犯もバイクを使っていたし、道仁会の分裂抗争でも、バイクに乗ったヒットマンによる襲撃があった。現代ヤクザの抗争では、ヒットマンはバイクに乗ってやってくるといっていい。

また、拳銃の特性を知ることは、自分の命を救う一番の近道で、昔からヒットマンたちは銃の分解・清掃を自分の手で行なってきた。外注に出せないという事情もあるが、こうした努力を怠ると、襲撃の成功率は確実に低下するそうだ。

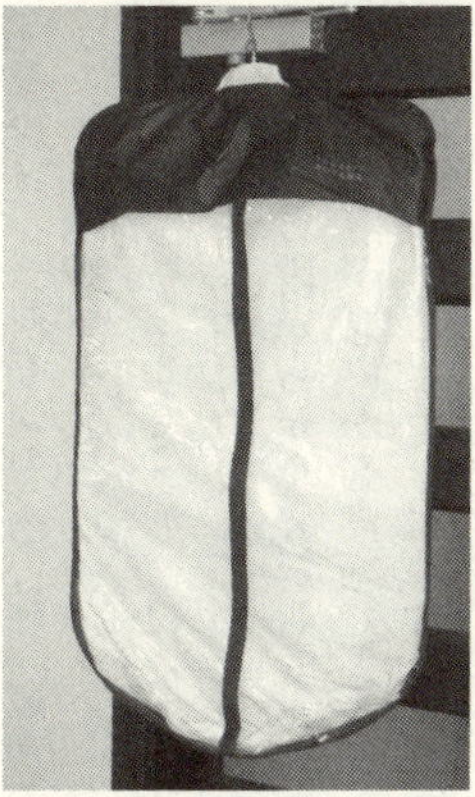

防弾スーツハンガー。車の窓などにかけておく

「レンコン（回転式の銃）は、最初の一撃さえかわせば、その後、悠長に撃鉄を起こ、している時間などないので、どうしてもガク引き（ワンアクションで撃鉄を起こし、引き金を引く動作をすること）になる。そうした特性を知っていれば、ヒットマンが来ても、荷物をぶつけたりしてなんとか初弾をかわし、血路を開けばいいと分かるだろう。また、普段から銃を分解していれば、ロシア製のトカレフやマカレフなどが、いかに工作精度が悪いかも実感できる」（独立組織三次団体組長）

値段が安いことから大量に出回るようになったロシア製の拳銃を使うヤクザは、まず間違いなく撃鉄などのバリ（雛形からはみ出した金属）をヤスリで落とし、確実に動作するように改良を加えている。吊しの状態で使うのは素人なのである。

「仮想敵」の情報収集を怠らない

一方で、かなりの団体が、日頃から仮想敵を設定して情報収集を行なっている。東京のある暴力派三次団体に、相手組織の拠点などが並んだリストを見せてもらったことがある。仮想敵となった組織関係者の自宅、事務所、隠れ家、愛人宅のほか、行きつけの店や乗っている車のディーラーまで、細かな情報が載っていた。

なかには、同じ代紋を掲げる同系列の団体のことを調べている組織もある。「内部抗争に対する備え」とは口が裂けてもいわないだろうが、山口組・住吉会・稲川会の広域三団体による寡占化が進んだため、傘下の各組織は、同じ代紋を掲げていても、

防弾車の窓ガラス

利益が相反するケースが生まれているのは確かだ。まさか中元（ちゅうげん）や歳暮（せいぼ）を贈るために、あれほど細かな内容のリストを作っているわけではないだろう。

また、情報戦を制するために、ヤクザはあらゆるところにスパイを放っている。マスコミとのコネを欲しているヤクザも多く、接触する際には、警戒していないといつのまにかスパイにされることもある。一例を挙げれば、抗争が起きると、ヤクザ記事を載せる実話誌の編集部に「写真提供」の申し出がある。ヒットマンがターゲットを探す際に使われることは明白だ。

さらに、厳しくなったとはいえ、警察内部にも協力者がいるらしい。なにしろ当方の持っている警察の内部資料の半数以上が、ヤクザからもらったものなのだ。ガサ入れのほとんどが事前にバレているのも、捜査班にスパイがいることの証（あかし）だろう。

ヤクザ恫喝マニュアル

まるで殴ったような心理的圧迫を与えるテクニック

ヤクザはカタギの人間から怖がられると同時に、可愛がられなければならないという矛盾を抱えている。人間関係に寄生して生きるためには、社会から完全に孤立した「悪の華」にはなれないのだ。そのため、ヤクザたちは普段からいざというときに役立つ人脈づくりに余念がない。こういったときのヤクザは物分かりもよく、まるでヤクザ映画の中に登場する侠客に見えたりする。

たとえば、スナックなどに行くと、時折、「俺はヤクザと友達だ」という人間に出会う。ヤクザだって、24時間周囲を威嚇しているわけではないから、普段、そういう付き合いをすることだってある。しかし、そうした面だけを見て、人の良し悪しを判断するのは危険だ。本当の怖さは、金が絡まなければ分からない。普段、とても物分かりのいい侠客を演じているのは、暴力を金に変える準備期間のようなものだ。

筆者は、取材対象であるヤクザと毎日のように会う。これだけ頻度が高ければ、嫌でも彼らの暴力に触れる。脅されたり、喧嘩の場面に出くわしたり、ヤクザがヤクザを恐喝する場面にいあわせたこともある。彼らは暴力のプロである。生活がかかっているだけに、その迫力たるや凄まじい。ただ、経験を重ねるうちに、彼らの暴力には、一定のパターンがあると分かってきた。なかでも拉致されたときは、プロのテクニックを自分の体で知ることになった。最初に拉致されたのは、ヤクザを専門に扱う特殊な雑誌の編集部に入って、3カ月が経った頃のことだ。取材を終えて編集部に戻ると、電話にポストイットが貼ってあった。

「○時○分、山○組○○様からTELあり。用件――てめえいてもうたろか（殺すの意だそうです）。○○ホテルのロビーに来い、だそうです」

電話番の女の子のリアルな連絡メモに戸惑いながら、指定されたホテルに出向くと、お付きの若い衆がいて、そのまま車に乗せられて拉致された。最初から組事務所などの危なそうな場所を指定されていたら、こっちもかなり慎重になったのだが、ホテルのロビーと聞いて警戒心が薄れたのである。おそらくヤクザによる拉致の大半がこのパターンだろう。

また、ヤクザたちの恫喝は、実際に暴力を振るわない場合であっても、本気でいっているのだな、と痛感する。そのくせ冷静な面も持っており、灰皿を投げつける際も、絶対、相手に当たらないようにする。あるヤクザから脅されたときには、みごとに顔面に命中したが、あれは手元が狂ったか、絶対に訴えないと分かっていたからだろう。

小突くようで小突かない。殴るようで殴らない。そのくせまるで殴られたような心理的圧迫を与えるのが、脅しのテクニックの神髄なのだ。

科学捜査対策に力を入れる現代ヤクザ

専門書を読み、嘘発見器の模擬練習に励む組織も

現代ヤクザにとって一番の敵――それは最先端の科学捜査だという。その一翼をになっているのが、警察庁の科学捜査研究所（科捜研）である。

日進月歩のハイテク機器を駆使する科捜研は、今やヤクザの天敵といってよく、多くのヤクザ組織が、対策について研究しているようだ。取材の際、ある組の本棚を盗み見ると、ずらりと科学捜査の詳細を解説した本が並んでいた。これだけ真面目に勉強するなら、カタギとして、どんな仕事でもこなせそうなのだが……。

「細かな内容は理解できなくてもいい。新しい捜査方法、導入された新兵器。その概要を知っておくだけでもためになるだろう。普段、本など読まない若い衆には、（逮捕されたときに）差し入れしてやる」（独立組織幹部）

先日、こう話してくれた幹部のオススメは、ずばり『科学捜査』という書籍。差し入れ用にまとめ買いしているそうで、若い衆の評判も上々だ。さっそくネット書店で購入したところ、豊富な図解とともに解説してあり、また読みやすかった。おまけに監修は、日本法科学鑑定センター（有限会社）というもっともらしい団体の名前とな

 っており、その点でも、権威主義者のヤクザたちの心をくすぐる本なのかもしれない。ただ、どれだけ勉強したところで、相手と同じ土俵の上で戦えば、どうしたって警察の科学的な知識には勝てない。だから、ヤクザの科学捜査対策はいたってシンプルだ。

Nシステムに対抗する術は?

たとえば、全国の道路に設置されているNシステム(ナンバープレートを自動的に読みとる装置)は、暴力団捜査でも大活躍。抗争事件が勃発した際、地下に潜ったヒットマンにとって、最大の障害になっている。逃走先で高速道路を使用し、インターの入口で逮捕された例はかなりあって、裁判の証拠としてNシステムのデータが提出されることは、もはやフツーのことになった。

このハイテク機器に対抗するため、ヤクザ組織は赤外線を完全に遮断するナンバープレートカバー、風圧を受けるとナンバーが跳ね上がる装置など、当初、各種新兵器を導入したという。

「その他、第三者名義の金融車に乗ったり、盗難車に偽造ナンバープレートを装着したり、ヤクザらしい方法もいろいろ研究したよ。だが、どれも今いち決め手に欠けた」(同)

試行錯誤でたどり着いた結論は、車の使用を避けるというひどく単純な発想だった。

「Nシステムの監視から逃れようとした場合、俺たちの持つ知識では完全には防御できない。だが、車さえ使わなければ、いくらNシステムが増えても怖くないわけだ。それでヒットマンはバイクを使うようになった。都会では徒歩で行動し、電車で逃走することも増えた」(同)

自慢するほどのことではないようにも思えるが、発想の転換であることは間違いなく、とても安上がりな対策ではある。

またヤクザは、逮捕された際にポリグラフ(嘘発見器)にかけられることも多いため、平時から模擬練習を行なっている組織もあった。ヤクザのポリグラフの体験率は、ゆうに過半数を超え、山口組の犯罪を躍起(やっき)になって探している警察は、最近もかなりの被疑者にポリグラフ検査を行なったらしい。

裁判では、こうしたデータに証拠能力がないため、無駄な努力にも思えるが、機械はかなりの確率で嘘(うそ)を見破る。厳しい取締まりに遭遇したとき、刑事たちは、あの手この手で自白を誘い出そうと考え、心理的揺さぶりをかけるために、こうしたデータを使うのだ。つい白状してしまわないよう、模擬練習では、体験談をもとにディスカッションも行なわれた。

「幹部たちが組員を囲み、質問をぶつける。機械はないから、イメージトレーニング。いってみりゃ、練習というより勉強会だな」(広域組織幹部)

科学捜査が進歩し、どれだけ状況証拠が集まっても、自白をしなければ逃げ切れる確率は飛躍的に高い。ヤクザとって一番実践的なのは、人間心理の研究なのだ。

ヤクザの天敵大解剖

警察によるヤクザ事務所の張り付け警戒を体験してみた

警察によるガサ入れの実際は、ひどくマンガチックなのだという。

「ガサ入れいうたら、もう大量の警察官が来る。そりゃ関係ないことやられたらたまらんから、ちゃんと見張りはついとるけど、礼状を持ってくるかぎり、逆らったりはしませんわ。せやけど、たいがいそんな情報は事前に知らされている。ちゅうか、もともと本家のような場所に、警察に知られて困るようなもん、置いてへん。ポリだってそんなこと知っとる。なんか出てきたらめっけもんじゃくらいに、考えてますよ。

そうはいっても、何も持ってかんというわけにはいけへん。全国の組織から来る破門状や名簿など、目につくものを段ボール箱に片っ端から詰めて、持ってはいくが、それでも数箱でしまいやな。なのにテレビを見ると、本家から出てくるポリが、いくつもいくつも段ボール箱を運び出す。あるとき、何が入ってるんやろ、思うて陰から見とったら、ポリ、カラの箱を重そうに持って、表の車に運んどったわ。ポリはけったいなことしよんな、と。

ある意味、大変やなぁとは思ったけどね。はっきりいえば、あほらしい。あれ、税

金の無駄使いとちゃいますの?」(広域組織三次団体組長)

彼の目撃した光景が、ガサ入れのすべてではないだろうが、実際、山口組本家などに対するガサ入れは、押収を目的にはしていないという。

マスコミご一行様を引き連れたド派手な大名行列

兵庫県警の捜査員の1人は、はっきりとこういい放つ。

「もちろん、証拠の押収が第一だが、あいつらだって、そのくらい分かっている。だが、こうしたガサ入れはかなりの圧力になる」

ヤクザたちにいわせれば「嫌がらせ」となろうが、実際、ヤバいものが押収されなくとも、こうした圧力は、組織にそれなりの打撃を与えることは間違いない。ヤクザが取締まり対策を講じ、年々、手口を巧妙化させるなか、なかなか突破口を摑めない警察は、今後も機会があれば容赦なく、山口組の本丸に手を突っ込んでくるだろう。また、こうしたガサ入れは、組幹部の自宅・別宅に対しても頻繁に行なわれる。圧力ということでいえば、こちらのほうが効果的かもしれない。

余談になるが、都内の山口組関連事務所にガサ入れがあった際、その様子を遠巻きに眺めたことがある。いつものこととはいえ、あまりに演出がすぎて、まるで悪趣味な芝居を見ているような気分になった。警察の様子は、まるでマスコミご一行様を引き連れたド派手な大名行列のようで、スタート位置に捜査員が着くと、カメラマンたちが一斉にその周りを取り囲み、号令とともに煌々とライトが焚かれ、それを合図に、捜査員がうやうやしく段ボール箱を抱えて歩きだすのだ。

その段ボール箱が空箱だとすれば、これほど無意味な映像もないだろう。

のどかな張り付け警戒

２００６年は九州で大規模な抗争事件があり、不謹慎ながら、抗争時の張り付け警戒がどのようなものか体験してみた。これまで、短期の抗争事件ならなんども現場に出かけたが、今回のように本格的な抗争事件は非常にまれで、どうしてもその実際を見ておきたかったのだ。

九州誠道会の発足式から1カ月後、東京から車を飛ばし、大牟田市内に入る。目的地である村上一家本部の場所は、ガソリンスタンドで聞くとすぐに分かった。

とある交差点を曲がると、上り坂の手前に警察のワンボックスカー、事務所の反対側にある空き地には大型バスが停まっていた。ともに赤色灯は灯っているが、もちろんサイレンを鳴らしているわけではなく、係員はすべて車に乗っていた。

そのすぐ後ろに車を停める。当方は怪しげな東京ナンバーだが、ファミリータイプの大衆車のためか、いっこうに警官が出てくる様子はない。5分ほどしてしびれを切らし、車を降りてワンボックスカーをノックした。

ようやく待望の尋問が始まったが、何度も歌舞伎町で職務質問を経験している当方には、たいへん片手落ちという印象だった。身分証の提示も求められず、所持品の検査もなかった。実をいえば、バスの中にいる警官の一部は〝目を閉じて瞑目〟していた。年下の警官から高圧的な態度をとられたが、そのことを見られて腹を立てていたのかもしれない。

冗談はさておき、結果をいえば、張り付け警戒がこれほどのどかだとは思わなかった。バイクを使えば、警察の警戒を突破して事務所に拳銃を撃ち込むことくらいはできるだろうし、その後、逃走することだってできるかもしれない。

実際、どれだけ警官が張り付いても、襲撃事件は起きる。抑止力が皆無とはいわないが、腹をくくったヒットマンにとっては、さほど大きな障害ではないだろう。

逃亡するヤクザの「潜伏先」ランキング!

狭い日本に「死角」はどれだけあるか

ヤクザと警察の間にあった〝持ちつ持たれつ〟の関係が消滅し、事件を起こしても自首するヤクザはめっきり減った。実際、ヤクザ絡みの凶悪事件を見ると、警察の検挙率は低下するばかりだ。以前は、対立抗争で相手組織の幹部を殺害した実行犯が、出頭する日時を約束し、その間、警察側は指名手配を実質的には解除。実行犯は長い懲役に行く前に〝命の洗濯〟をすることも多かったという。

「癒着が悪いといわれればそうだろうが、警察も昔のほうがやりやすかったんじゃねえか。なにせヤクザが事件を起こしても、親分が出頭を確約してくれるんだからな」（広域組織幹部）

もちろん約束の日時には、凶器持参で出頭する。たしかに捜査もずいぶん楽だっただろう。

２００７年に発表された警察庁の統計によると、06年の対立抗争事件は０件である。しかし、この年は抗争事件の当たり年で、九州では改造マシンガンが火を噴き、手榴弾が炸裂しているのだが、どうしてこんな数字になるかといえば、警察庁のいう抗争の定義が、「対立する暴力団組織から攻撃を受け、もう一方の組織が報復した場合」だから。一方的な攻撃や、組織とはまったく関係のない個人の暴力行為は「抗争」とは見なされない。さらに、被害を受けた事実があっても、実行犯を逮捕できなければ「抗争」にはならない。

さて、逃亡生活を送るヤクザたちは、いったいどこに潜伏しているのか？以前、某雑誌の依頼で、現役ヤクザや元ヤクザ、事件師、詐欺師、コピー商品販売業者など、裏社会の住人たちにアンケートを取ったことがある。サンプル数は１３９件と少ないが、その結果を紹介しておこう。

警察、刑務所に逃亡!?

１位は、前もって潜伏用に用意していたアジト（33件）。確信犯的に犯罪に手を染めるヤクザらしい回答だ。２位は、知人の家・知人が持っている別荘（17件）。持つべきものは友ということだろうが、かくまった側が罪に問われるため、一般的には禁じ手で、協力者を作るにはかなりの見返りを与える必要があるという。３位は、組織・関係者が用意してくれたマンション・アパート（15件）。組織の支援があると、逃亡はかなりラクらしい。

面白いのは「警察・刑務所」という回答（12件）だ。彼らを追っているのは警察ではなく、ヤクザという意味である。ヤクザの追及は当然ながら警察より厳しく、親分の愛人を寝取った某幹部などは、せっかく見つけた潜伏先を次々と発見され、半年あまりの逃亡生活を続けて完全なノイローゼとなった。拘置所に面会に行ったところ「やっとぐっすり眠れる」と安堵していたが、出所後すぐに音信不通となったから、いまだに逃亡を続けているのかもしれない。

以下、少数意見を挙げてみる。

●女の家（14件。警察からマークされている女ではダメ。たくさんの愛人を用意しておく必要あり）
●外国（11件。出国できるなら、これが一番手っ取り早い）
●一般のホテル（9件。逃亡資金がかかるのが欠点。警察のマークもきつい）
●サウナ等の簡易宿泊施設（5件。毎日泊まっていると怪しまれる。場所を変える必要あり）
●飯場（4件。逃亡といえば誰もが思いつく場所だが、それだけに警察が真っ先に目をつける。プロには人気薄）
●肉親・親戚の家（3件。居心地はいいが、やはり禁じ手）
●工場などの社宅（3件。他人になりすます必要があるが、入ってしまえば意外と楽だという）
●ラブホテル（2件。女がいないと怪しまれる。長期逃亡は辛いかも）

●ワンボックスカー（2件。なにしろすぐ逃げられるのが大きな魅力。その気になれば車で暮らすのは快適らしい）

●ボランティア団体の宿泊施設（1件。過去は問われないが、やはり警察のマークはきつい）

●教会・寺など宗教関係施設（1件。やはり最後は神仏の愛？）

●段ボールハウス（1件。情報を警察に売る内通者がいて、簡単にはいかない）

●キャンプ場（1件。宿泊費も安く、アウトドア派のアウトローにはいいかも。冬はきつい）

●ドヤ（1件。ただし過去の話。最近では警察のスパイがうじゃうじゃいる。うまく溶け込まないとすぐバレる）

●マンガ喫茶（1件。費用は安いが、定宿には向いていない。短期逃亡向き）

●農作業など季節労働者の宿泊施設（1件。衣食住完備で健康的な生活が送れる。ニセの身分証が必要。しかし田舎の警察はヒマで、地域住民と密接な関係にあるため、手配写真から足がつく可能性大）

●病院（1件。関係者の協力がいる。不特定多数が出入りするため、院内でも注意が必要）

●ライダーズハウス（1件。暴走族世代のヤクザらしいチョイスだが、そのバイタリティを他の場所で発揮できないものか……）

●無人駅（1件。カニ族の絶滅で、最近ではかなり目立つ）

●山小屋（1件。外界との接触は絶てるが、囲まれたら即アウト）

ヤクザのシノギは非合法のものが多く、常に逮捕と隣り合わせのギリギリの局面にある。短期の逃亡なら、独自のルートや人脈を生かし、巧みに行方（ゆくえ）をくらませるようだ。

一般人に真似できるものではないが、プロが選んだ潜伏先は、それなりに安全な場所には違いないのだろう。

ヤクザが裁判で無罪を主張しないワケ

量刑はカタギの3割増しだが

「疑わしきは罰せず」という崇高な理想は、こと日本の裁判には当てはまらない。

刑事裁判で無罪が出る確率は約0・1%で、1000件に1件の割合なのだ。一般人でもかなり低いのだから、反社会勢力のお墨付きをもらっているヤクザの裁判は、まず100%有罪になる。実際、戦後のヤクザの裁判で無罪を勝ち取った具体例を、私は2件しか知らない。また、同種の犯罪でも、ざっと3割ほど量刑が増える。俗にいう「看板料」とはこれのことで、警察や検察もはっきり「法の下の不平等」を公言している。そのため、ヤクザが裁判闘争を行なう場合、情状酌量を求めることが多く、完全否認で無罪を主張することはまれだ。

「たとえ完全な冤罪でも、長期刑でもないかぎり、さっさと罪を認めて刑務所に行ったほうが結果的に早く娑婆に出られる。時間の無駄だから、よほどの事情があるなら別だが、控訴することはほとんどない」（在京団体幹部）

平成21年に裁判員制度が実施に入ったが、一般的には、無罪率が増加するといわれている。こうした陪審制度を採用する外国の中には、無罪率が3割程度という国もあるほどだ。

司法取引が定着すれば裏切り者が増える!?

だが、ヤクザたちのほとんどは、裁判員制度を苦々しく思っているらしい。

「まず、一般の人は、ヤクザ=悪と思っており、裁判官の誘導をそのまま受け入れる。フツーの人が被告人なら別だが、こと俺たちに関しては、裁判員制度が導入されたところで無罪になる確率は変わらないだろう」（広域組織幹部）

またヤクザたちは、裁判員制度が定着すれば、司法取引が一般化すると見ている。

「すべて白状すれば罪を軽くしてやる、お前がしゃべったことは裁判でも伏せておくといわれれば、かなりのヤクザが共犯者をうたう（白状する）だろう。ただでさえ裏切り者が多いのに、司法取引が一般化すれば、トップの親分を売るヤツが出てくるかもしれない。俺たちにとってはマイナスばかりだ」（独立組織三次団体組長）

ヤクザにも人権はある、といくら声を張り上げても、一般社会に生きる人間たちには届かない。

「暴力でさんざん他人の権利や人権を蹂躙してきた人間が、なぜ人権を主張するのか」

それが市民の本音で、そう考えると幹部のいうとおり、裁判員制度はヤクザにとって、いっそう不利な状況を生むはずだ。

マスコミの「抗争報道」はピンボケばかり

抗争の当たり年に「事件ゼロ」となぜ書けるのか

2006年は、筆者がヤクザ記事を書き始めてから、初めて本格的な抗争事件が起こった年だった。しかし、大手マスコミによれば、「抗争による発砲事件はゼロ」なのだという。これは警察庁の発表を垂れ流しているからだ。もちろん警察庁には、お役所らしいそれ相応の理由があり、非難するまでもない。ただ、九州では手榴弾が炸裂し、改造マシンガンが火を噴いたのだから、まともな神経の持ち主なら、「事件はゼロ」などと書くのはためらうだろう。

使用者責任という法解釈が生まれ、組織のトップが末端組員の犯行の責任を負うようになってから、警察との馴れ合いを排したヤクザ組織は、よほどのことがないかぎり、実行犯を自首させなくなった。道仁会（九州）の分裂抗争でも、犯人が捕まっていないため、あれだけド派手なドンパチがあっても、抗争事件としては認定されていないのだ。新聞各紙が垂れ流した「抗争による発砲事件はゼロ」という摩訶不思議なニュースが流れたのには、こんなところに理由がある。

また、統計のマジックを読み解けば、そこにあるのは警察の捜査能力が低下しているという事実なのに、多くのマスコミはそれを黙殺するだけだ。こんなマスコミが報道するヤクザ関連記事に説得力などないだろう。

関東ヤクザ社会では死語になった「血のバランスシート」

なにしろマスコミの多くは、現代ヤクザのことを、おそらく理解していない。

2007年2月に起きた、東京・六本木での住吉会住吉一家小林会幹部射殺事件でも、テレビや新聞は大はしゃぎで、幼稚な見解を披露(ひろう)した。マスコミが煽(あお)ったように、東京で大抗争が起きるかといえば、その可能性はほとんどない。一部が根拠としていた「血のバランスシート」というヤクザの論理は、殺害された組員の命を、同等クラスの命と等価交換して初めて、和解が成立するというものだが、こと関東では、この言葉はかなり以前から、死語になっているのである。今回、こうした表現を使った記事は、「ちゃんと取材しませんでした」と自ら宣言しているようなもので、実際、ほぼ的外れに終わった。

また、〝貸し縄張(かじま)〟を「大家(おおや)と店子(たなこ)の関係」と書いた記事も、かなりの事実誤認をしているからあまり読む価値がない。表面的にそう見えても、これは似て非なるもの。こうした説明をされれば、ヤクザにとっては歯痒(はがゆ)いだろう（224頁参照）。

さらにいえば、「住吉会vs山口組」という表現も本来は乱暴すぎる。

いずれも巨大組織だから、二次団体それぞれの事情は異なっており、同じ代紋を付けていても、利益が相反するケースだってあるのだ。たとえば、「山口組の東京進出」とはいうが、山口組直参組織の9割以上にはほぼ無関係の話で、こうした抗争事件も対岸の火事でしかない。住吉会と山口組の内部事情が分からないと、現代ヤクザの抗争は理解できない。

抗争事件は単純な利権争いではない

では、どうしてこんな事件が起こったのか。それを知るにはもっと俯瞰(ふかん)した視点が必要だ。たとえば、東京にはかねてから山口組入り(もっと正確にいえば弘道会(こうどうかい)入り)を噂されている一派がある。抗争事件そのものから得る利益がなかったとしても、この事件によって、その流れが加速すれば、山口組にとっての利益は計り知れない。

現代ヤクザの抗争事件は、盛り場利権をめぐる単純な暴力的衝突とは違う。ミカジメ料などというが、警察が叫ぶほど、ヤクザたちはミカジメ料に依存していない。そりゃあ、市民社会のど真ん中で行なわれる生(なま)の殺し合いほど、実況中継していて興奮するものはないだろうが、ヤクザたちの命がけの攻防を飯の種にするなら、もう少し勉強しても、バチは当たるまい。

暴力団追放センターは税金ドロボウ

役に立ったという話を聞かない「警察の天下り先」

平成3年に暴対法が施行され、全国の都道府県すべてに暴力団追放運動推進センター（暴追センター）が設置された。

最も大きな「財団法人暴力団追放運動推進都民センター」（千代田区内神田）を例に取ると、その活動内容は、暴力団追放都民大会の開催、機関誌・資料などの発行、暴力団排除活動の広報、暴力団排除の組織活動に対する支援、暴力団の絡む困り事相談、暴力団をやめてカタギになろうとする人への援助、暴力団の不当な行為にかかわる被害者の救援など、多岐に渡る。

名称はそれぞれ違っても、暴力団の壊滅を目指し、さまざまな活動をしていることは同じで、どの団体もホームページを持っているから、興味のある人は一度のぞいてみることをオススメしたい。あまりにチャチな作りでびっくりすること請け合いだからだ。そして、全国にある約半数の暴追センターに出かけ、その実態を見てきた感想をいえば、残念ながら活動内容もチャチだった。

とある県のそれは、1日中訪れる市民がなく、なんともほのぼのとした雰囲気。

「暴力団員の友人に就職を斡旋してほしい」と相談したところ、「世の中は厳しいんだよ。指もなく、刺青も入った人を雇ってくれる会社はないよ」とせせら笑い、しまいに「ウチは職安じゃない」と逆ギレ。

暴追センターの制作しているビデオなども、予算をかけているわりには、暴力団壊滅には役立たないだろうと思える内容だ。税金で関係者総出演の思い出映像を作っているのかと勘ぐりたくなる。差別用語の連発で、神経を逆撫でするし、短絡的な結論ばかりで、これなら子ども向けのアニメのほうが、よほど奥深いだろう。

警察ＯＢにミカジメ料を払えってこと？

暴追センターについては、やはりおおかたの市民が無意味と思っているらしく、各地で廃止が議論されている。

地方自治体の補助金によって運営されているため、財政が悪化している自治体では死活問題で、東国原知事の誕生で話題となった宮崎県でも、2004年、財政難を理由に「県暴力追放県民会議」に対する県の補助金廃止を決めた。代わりの財源は賛助会員からの会費で、足りないときは基本財政から捻出されるという。県内の企業からミカジメ料を徴収しようというわけで、無意味とは思っていながら払う企業が多いらしい。

「地元の警察から暴追センターの活動を助けてくれといわれたら、やっぱり金を出さないわけにはいかない。狭い社会だからね。こんなことでギクシャクしたら、あとあと、どんなことになるか分かったもんじゃない」（4年前に賛助会員となった経営者）

この証言を見ても分かるように、暴追センターは警察官の天下り先。そのため廃止の声が上がると、警察関係者や族議員が激しく抵抗する。

千葉県の「県暴力団追放県民会議」も見直し対象になったが、結局、継続された。大もめにもめたのは長野県で、田中康夫前知事の頃、外郭団体見直し専門委員会が設置され、いったんは暴追センターの廃止が決定。

当時、長野県暴力追放県民センターには、県警ＯＢなど3人の職員がおり、年間予算は１９５６万円。相談件数は２０８件で、１件当たりざっと10万円のコストがかかっていたことになる。そんな金があるなら、警察そのものを強化すべきだと思うが、センターの理事は、

「暴力団に『警察に届けるな』と脅されたら、たいていの人は怖くて警察には行けない。そんなときに相談できるのがセンターだ」

と、主張。

日弁連民暴対策委員会などもそれに賛成し、警察は急遽、県内の暴力団勢力が増加している資料を公表するなど、センターの必要性を訴え、これまた廃止には至っていない。知事が代わってからはそんな話も出ないようで、２００７年、國粋会の会長が自殺し、長野県に本部を置く三次団体から後任の会長が誕生したため、当分は存続の

正当性が保たれる気配である。

一方で、ヤクザたちは暴追センターなどまったく気にしておらず、その存在を知らない人間もいる。

「いったいなんのためにあるのかよく分からんし、現実に何か困ったことがあったなんていう話も聞いたことがない。寄り合いで問題になったこともねぇよ。こんなとこに足下すくわれるような組織は、よほど危機管理能力がないんじゃねぇのか？」（東京の繁華街に本拠を置く広域組織三次団体組長）

なにしろ同様の機能は警察にもあり、当たり前だが、暴力団の被害にあった人は警察に行くだろう。じゃあ、どうして暴追センターが必要なのかといえば、警察が介入できない民事暴力の相談を目的にしているからだという。だが、警察さえ何もできない事案を、なんの権限も持たない相談員が解決できるはずもないのだ。

不良少年の〝ケツ持ち〟になるヤクザたち

極道がいなくなれば、ワルの押さえが利かなくなる

暴力団を壊滅させれば万事ＯＫ。これで住みよい社会が生まれる、社会から暴力の芽が消えてなくなる……と考えるの短絡的だ。

たとえば、暴走族やチーマーといった不良集団に対して、ヤクザの存在は一種の押さえとして機能している。

「ポリ公なんて怖くねぇよ。腰にピストルぶら下げてても、結局、ただの飾りだし、あいつらはしょせんサラリーマンだからな。けど、ヤクザはヤバい。ヤクザにさらわれ、ボコボコになったヤツを見ると、やっぱ逆らえねぇと思う」（都内を活動拠点とする不良集団メンバー）

法の番人である警察には、ある程度の秩序と限度があるが、ヤクザに人権意識や法律は通用しない。刃向かえば容赦ない暴力にさらされると知っているから、善悪の区別がつかず、物事の限度が分からず、その場のノリで暴走する悪ガキたちも、素直に従うのだ。

現在、こうした不良集団には、ほぼ間違いなくヤクザのケツ持ち（後ろ盾、用心棒）

がついている。

もちろん、ケツ持ちは悪ガキたちの保護者でもなければ、よき先輩でもなく、風俗店・飲食店などの用心棒同様、無理矢理、寄生されていると考えたほうが現実に近い。

「そりゃあ、喧嘩になったとき、バックにヤクザがいれば強ぇ。相手のケツ持ちが出てきたときのことを考えれば、やっぱこっちもケツ持ちが必要だ。

でもそのぶん、好き勝手なことはできなくなる。俺たちは、楽しいからつるんでるだけで、ヤクザのような本職のワルになるつもりはないから。本当はケツ持ちなど欲しくないと思ってるヤツは多い」（同）

ヤクザ組織が「最後の更生施設」だった時代

特に最近では、こうした不良集団をシノギにするヤクザが増えているらしい。月に1000円程度の会費を集めても、数百人単位になればけっこうな額になるし、ときには人的に貢献させることもある。

「金さえもらえば、べつにどうでもいいんだが、人手がいるときは、あいつらを使ったりするよ。どんな仕事かって？　俺たちはヤクザだ。まともな仕事をさせるわけねぇだろ」（広域組織幹部）

警察にいわせれば、「暴力団の系列下となった不良集団は、いっそう凶悪化している」となるのだが、ようするに悪事の使いっ走り。

一方で、ヤクザに対する締めつけが厳しくなるにつれ、ヤクザでもカタギでもない第三の勢力が台頭するようになっている。事実、新たな犯罪集団が全国各地に生まれ、確実に増加しているのだ。

「ヤクザがいなくなったら、ワルどもの押さえが利かなくなるんじゃねぇのか。凶悪事件が多発し、治安はいっそう悪化すると思うけどね」（関東広域組織幹部組長）

ヤクザたちの言い分を、そのまま容認することはできないとはいえ、彼らのセリフはまったく根拠のないものではない。

映画『仁義なき戦い』には、木訥（ぼくとつ）な教師が、どうしようもない不良少年を組事務所に預け、「立派なヤクザにしてくれ」と頭を下げるシーンがあった。

「わしらがガキの頃は、親たちが『あんまりワルさばかりしていると、近所のヤクザに預けるぞ』いうたもんや」（同）

不良少年にとって、ヤクザ組織は最後の更生施設でもあった。ムラ社会の安全弁を取り払い、社会の膿（うみ）を飲み込む場所を排除する以上、出口を失った膿は、必ずどこかに噴出（ふんしゅつ）する。ヤクザは悪なのか、それとも必要悪なのか。

我々はその功罪について、もう一度議論する必要がある。

あなたの知らない極道の世界①
親分のボディガードに密着!
画 小原康弘
原作 鈴木智彦

サービスエリア
え〜と、たしかに このサービスエリアで 待ち合わせだよな… おかしいなあ
ピリリリリッ
あ、親分 えっ？ 次の降り口 ですか？
おかしいなあ 聴き違えたの かな……？
キュルルルルル
シートベルトを しめよう
ドドドドド
ドドドドドドド
これだな！
バン！
チャッ!!
あ、若頭 お世話になって……

チャッ
あっ 鍵を…
おう、お前 なにもんじゃ!?
ひいいっ!?
ブン!!
な、何を…!?
ぼ、僕です Aですっ!!
なんだよ Aさんか 脅かすなよ
お、親分!
抗争まっただ中なんで 念には念を入れて 集合場所を 変えさせて もらったわ
あんたから 情報が漏れるとは 思ってないが 気を悪くせんでくれ
それに、最近の ヒットマンはバイクに 乗ってる奴が多いんでな 怪しげなバイクが 来るとみんな ピリピリすんだよ
そうだったん ですか…… すみません
はっはっはっ すまんかったな
いえ…
じゃあ行こう 付いてきて くれ
ブロロロロロ…
走って ですか?
カギ捨てられちゃったんスけど

いやいや
すまんすまん
バイクは帰りに
引き上げよう
なにかあったら
こうしてですね…
ああ
なるほど
これ、どうぞ
なんですか？
防弾チョッキも
着られますか？
いえ
そこまでは…
……俺も
防弾チョッキは嫌いだ
だが、何かあったら
わしは死ぬだけで
すむが
若い衆は
親を殺された間抜けと
非難され
これ以上ない恥をかく
本来なら、こんな危険な
時期にあんたらの取材を
受けるわけにはいかない
マナーだと思って
着てくれるか
はい…たしかに
他にも
いろいろ
タイプが
ありますが…
そっちの
後にある
やつは？
先日銃撃された
若い衆が着ていた
メモリアルチョッキです
こっちのやつで
いいです……
とにかく何が
あってもおかしく
ない状況だからな
万が一のときは
恨みっこなしだぜ
万が一…
ですか

しかし防弾車っていうのは風景が歪みますね
あまり外を見ない方がいい車酔いする
でもこのフォーメーションが気になって目が離せません
囲んでいる車はガードと分かるんですが、あの離れて付けてきてる車はなんのために?
ああ、あれか
あれは、まあ戦闘機だ
その時、後から勢いよくオートバイが走って来て後方の〝戦闘機〟を追い抜いた
すると突然〝戦闘機〟がバイクの後ろにぴったりと張り付き、我々の乗った車の横を通りすぎていく
こっちは防弾車だから撃たれても大したことないがそれじゃメンツがたたんだろう
で、そんなときは、あいつが追っかけ、ひき殺すってわけだ
〝戦闘機〟はかなり前方に行ったところで追跡をやめ、再び元の位置に戻ってきた

ほどなくして車は
とある神社に到着した
実は今日は組長主催の
花見だったのだ
ザッ
ザッ
ザッ
まあどうぞ
座ってくれ
あ
どうも
ここは
貸し切りじゃ
ないんですね
ああ、テキヤに
とっては稼ぎ時
毎年来る旦那衆も
多いからな、これればかりは
金で解決できんよ
でも…目立たない
ように車を国産車に
しているくらいなのに
どうしてこんな時期に
花見を？
はっきりいって襲撃
されやすいのに……
馬鹿をいうな…
やあ、どうもどうも
今日はお招きいただき
ありがとうございます
これはこれは
社長さん方
どうぞめいっぱい
楽しんでいって下さい
俺がもし家に籠もって
いたら、周りの人間は
何という？ ビビって
腰抜かしてやがると
噂されるのがオチだ
今はこうして集まってる
社長達だって
いったん落ち目と
思われたら
冷たいもんさ
……

どれ
そろそろ
乾杯しよう
！
かんぱ～い
ボディガード達に
緊張感が走る
一斉に組長の近くに集まる
今回、抗争になってから若い衆には絶対にやせるなヒゲを生やすなと厳命してある体重が減ればやつれたと思われるし、ヒゲを生やせばそれを隠すためと勘ぐられるからだ
なるほど……
わははは
わははは
どうスか、一杯？
あ、アルコールはまずいっスよね
お茶どうぞ
いや、手がふさがってしまいますんで……
じゃあ、あんず飴
これなら……
はっはっは　あまりこいつらに気を使わんでやってくれ
いざという時は自分の体を盾にしなきゃならんのだから
またまた、ヤクザのボディガードが丸腰のわけないでしょうー
おい
見せてやれ

世間様に迷惑かけてねえとはいわねえが、こんな場所で銃撃戦をおっぴろげるつもりはねえよ
すいません馬鹿なこといいました…
なんなら上着のポケットもチェックするか?
けっこうです…
親分、この近くの庭園に見事なしだれ桜があるんですよ
ほうそうですか
私、ベントレー買ったばかりで……ぜひ親分に乗ってもらいたいんですよ試乗がてらちょっと行きませんか?
あ、あのちょっと
いいですなあじゃあ行きましょうか
あ、親分…?
でも、社長の車は防弾車じゃないでしょう?それに一般道だと車でガードできないし…
心配するなって

いやあ
大したもん
ですなあ
失礼
します
あれ？
なんで帽子を？
それに窓に
背広なんかかけて
運転は自分が
させてもらいます
どうぞ
これは防弾の
生地で作った
ダミーの背広だ
じゃあ
その帽子も…
ああ防弾だ
頭蓋骨に
ヒビは入るだろうが
貫通はしねえ
別に死ぬのは
怖かねえよ、だが
俺が殺られればその分
若い衆が苦労する
危機管理に気を配らず
簡単に殺られちまう奴は
喧嘩になっても
相手を殺るつもりが
ないってことだよ
ヒットマンって
分かるもんですか？
そりゃあ、生きるか
死ぬかの覚悟で
ギラギラした目の
ヤクザが近づいて来りゃ
分かるだろう
フツーの兄ちゃんが
ヒットマンだったら
俺も往生するさ
じゃあ、カタギの僕の方が
案外見抜けるかも
しれませんね
はっはっはっ
頼りにしてるぜ

どうやら入場券が必要のようですな
私、ちょっと買ってきますわ
いやいやいや社長いいですって
ダーーッ
ここは私どもにお任せ下さい
あーっ！まっ、まさか？
やめろぉーっ!!
人数分買ってきました
うむ
ガクッ
むっどうした？
てっきりヒットマンかと…
わっはっはっは！大したもんだよ
勘違いとはいえ、本当に俺をガードするとはな！
気に入った！今日は大いに飲め
……ん？どうした
早く来い
腰が抜けました…

あなたの知らない極道の世界②
これがヤクザの掛け合いだ!!
親分 先日はありがとうございました
おかげでいい経験できました
お前さん単行本のためにヤクザ体験しなきゃいけねぇんだろう?
はあ 過激なものを三本ばかり…でも、これがなかなか難しくて……
この前お前は俺を守ろうとした ならちょうどいい その褒美に今日はとっておきの体験をさせてやる
え? なんですか?
これから○○会のヤツらがここに来る
○○会ってたしか親分と犬猿の仲じゃ……まさかお茶飲みに来るわけじゃないですよね
チンケな話だがいい経験になるだろう
いえいえ 掛け合いの場なんてめったに立ち会えませんから……で、掛け合いには親分ご自身が? それとも若頭が……
昨日○○会の若いヤツがうちのシマのホテトルで代金を踏み倒したんだ
じゃあその件で掛け合いを……
お前だよ

おう
似合うじゃねぇの
上出来　上出来
掛け合いなんて
一体どうすれば……
自分からは何も
話さなくていい
答えられない質問
には「いやいや」と
だけいっておけ
ちいたぁ強そうに
見えなくもない
ちょっと
待ってください……
あとは
相手が何か
いったらその
揚げ足を
取ればいい
そ、そんな
無理
ですって!!
だったら適当に
ダジャレで返して
みろ
意味不明だろうが
何だろうが
勢いで畳み掛けた
方が勝ちだ
よけい話が
こじれそうな
気がする……
パキン!
いつでも
飛び出せるよう
若い衆を待機させとく
みなさん
確か丸腰
なんですよね……?
いざとなったら
身は低くしとけ
じゃ、任せたぞ
バタン!
どうしよう……

おっ
緊張してるな
ヒッヒッヒッ
ちょっと可哀想じゃないですか?　おまけに監視カメラまで……
いいんだよ
あいつが書いてる文章は間違っちゃいねえが実体験じゃねえから、どうも説得力に欠けるんだ　これで文章にも迫力が出るってもんよ
おい　ぞうきん用意しとけ　小便チビるかもしれんぞ　ケケケケケ!
オヤジ絶対楽しんでるよな……
ああ　趣味悪いよな
コンコン
到着しました
ドキッ
どうも……
で、さっそく昨日の件ですが……
組長から聞きましたわ　何でも札幌刑務所を出られたばかりとか
いやいや……
札幌出身
彼も大変反省してることですし
えーと…えーと…どうしよう
ん～　彼…彼…彼…

カレーライスかこらっ!!
どわっはっはっ!?やりやがった!!
ぷぷ……
……は?
でも相手を絶句させたことは確かださあ、こっからだぞ
コホン!
それでまぁ自分らもこうしてわびに来たことだしケンカ両成敗ということで……
チャンチャンとしませんか
そりゃチャンポンかこらっ!!
意味わからん!!
どわっはっはっ
は、腹が痛い……
げらげら
げらげら
ダジャレのセンスは最悪だが、主導権をとってることにかわりはねぇ
はあ
はあ
はあ
素人にしちゃ上出来だ

さっきから
きいてりゃ
この……
シャブでも
打ってんのか
この野郎!!
しゃぶしゃぶだ
こらっ!!
なんじゃ
そら!!
ひゃ～っひゃっ
ひゃっひゃっひゃっ
ひ～
ひ～
もうダメ
死ぬ…
バン
バン
バン
どういう
つもりだ!!
説明してもらおうじゃ
ねえか　おおっ?
ひっ!!
その必要は
ねえよ
なにっ!?
訳のわからん言い訳に
まともな答えなんて
出せねえからな
こんなアホ
窓口にするなんて
どういうつもりだ
目には目を
アホにはアホをって
ことよ
吐いた唾飲むなよ…
吐いた唾なら
いくらでも
飲んでやる
けどよ…
パチッ!

かいた汗はひっこまねえぞ
ヤクザのくせに女にタダ乗りしやがって…
弱いもんに噛みつくのは最低の外道だ
俺がヤクザの神髄を教えてやる暴力の神髄をな……
うう……
じゃあ二階へ来てもらおうか
具体的な話はこっちの若頭と話してくれ
と、まぁこんな具合だな
いいか、掛け合いは臨機応変数学の公式みたいには教えられねえよ
基本をたたき込んだらあとは場数を踏むしかねえ
まぁ素人にしちゃよくやったけどよお前、あんなボキャブラリーでよくモノ書きやってんな
もっと言葉を選ぶセンスってものをみがいてよぉ…
聞いてんのかコラ!!
失神してます

あなたの知らない極道の世界③
刺青を入れてみました!?
ここっすか？
ああ、今日の取材は二人でこいっていわれたんだよ
ピンポーン
おじゃまします
おう よく来たな
いわれた通り後輩も連れてきました
はじめまして！
いやあ この前は気絶させちまって悪かったと思ってよ その詫びにネタやろうと思ってよ
ははあ、刺青の取材をさせていただけるんですね
刺青を彫ってるとこくらい、見たことあるんだろうが それだけじゃまだよくわからんだろう
こちらはウチの組専属の彫り師だ ヤクザの刺青を実地で教えてもらえ
よろしく
そりゃあいい 本当に彫ってるときは、話しかけられませんからね
とっておきの経験させてやるから楽しみにしてろよな
なんかひっかかるなあ…

まず絵柄ですが基本的にこの中から選んでもらいます
いろいろありますね
俺にいわせれば絵柄なんて何でもいいね
どうしてですか？
刺青を「我慢」というように痛みをこらえて彫り上げたことが男伊達だからよ
なるほど…
刺青はどんな絵でも入っていればいい だから自分たちでずいぶん彫ったし 駆け出しの彫り師に体を貸してやったこともあった そりゃ綺麗な絵の方がいいが、ヤクザにとっちゃ汚ない刺青こそ逆に誇りだと思うがね
ちなみに親分はどんな絵柄を？
俺か？俺はな…
おおっすごい！
よくいるんだよ やれ誰が彫ったとか この絵柄は特別だとか そんなもんは何の自慢にもならん
それに刺青は人に見せるもんじゃないだろう 見るとしたら医者か刑務所の係員かベッドに入った女ぐらいのもんだ
やっぱり親分の話は深いなあ こりゃあいう通りにしてれば間違いないな
ほう俺のいう通りにねえ…
あ、いや できる範囲内でということで…

絵柄が決まれば あとは彫るだけ
今はほとんど この電気針を使います
自分で作る人もいます
これは自分が作った 筋彫り用の ビッグマグナム
なるほど 「我慢」か… って、あれ?
もちろん 感染症予防の ため 針は 使い捨てです
針って 売ってるん ですか?
おおっ! これは 痛そうだ
ちょちょっと 何してんスか
何する 気ですか ……?
何するって 実体験しか ねえだろ
はあぁ!?
刺青は痛い だから我慢と呼ぶ お前はそう何回も 記事に書いたろう?
だがな、お前が もう一皮むけるためには その痛みを自分の体で 体験する以外ない
観念する こったな
む、無理です! 勘弁して 下さい!!
あっ お前!!
大丈夫っす 体を張った 先輩の生き様 あますことなく カメラに 収めます

じゃあ先生
龍でも鯉でも適当なの
彫ってやってくれ
いやあああ!!
やめてえええ!!
うるせえバカ野郎!!
ギャアギャアわめいてると
ドラえもん彫るぞ!!
ひいいいいいい!!
ジジジ……
いいっ!!
うあああああ
うぎいいいいい!!
ジジジジ
ジジジジジ
ちと
やりすぎか?
いいんじゃないスか?
先輩 最近
取材に行っても
刺激がないって
いってましたから
一時間後――
うう……
なんか
犯された
女みてえだな
どうだ
痛かったろう
はい……
死ぬかと
思ったです…
じゃあ
鏡で見て
みろ

あ、あれ!?
カラ彫りだよ
墨はつけてませんから……
最初からカラ彫りと分かっていれば体の痛みしか感じることができねえ
もう引き返せない土壇場の心境ヤクザが刺青を入れる本当の気持ちを教えてやろうと思ってね
ちょっと歪んでいるだろうがヤクザ流の愛情表現だと思ってくれ
組長……ありがとうございます
まあ、これで先輩の文章にもちょっと深みが出てくるんでしょうね
てめえ、よくもそんな口が……本来ならお前が身を呈してだな……
アッタマ来た! 先生、こっちの電気針借りますね!
あっちょっと…
オラッ! そこへ寝ろっ!!
イタタタ な、何を……!!
キサマにも実体験させてやる!!
ジジジジジ
うぎゃおおおおお!!
そっちの針墨つけてあるんですけど……
え?

第5章

盛り場のオキテ

六本木「貸し縄張」の真実！

住吉会幹部の射殺事件で話題になった都心の縄張り事情

2007年2月、東京の六本木で、住吉会住吉一家小林会の幹部が射殺され、山口組との間に抗争事件が勃発した。新聞やテレビ、そして週刊誌の多くは、この抗争を六本木の利権をめぐる争いだったのではないか、と解説している。それはそのまま警察の見解であり、もちろん決して的はずれではない。たしかに六本木は、ヤクザ的にいえば東京で最も不安定な地域である。それは多くの報道にあったとおり、六本木の一部が〝貸し縄張〟となっているからだ。

縄張りを貸しているのは國粋会（05年に山口組傘下に）、借りているのは住吉会——。住吉会は毎月一定の地代を國粋会に払っているという。このことから「大家と店子の関係」と解説している記事もあった。だが、貸し縄張の本質は、本来、それとはまったく逆だ。

貸し縄張とは、〈他団体が犠牲となり、組織の窮地を救ってくれた〉〈博打の借金の代わりに、縄張りを一代限りで貸す〉など、義理や恩義の対価として、一定の期間、縄張りの利権を他団体に譲渡する制度である。しかし、戦後の混乱期、関東のヤクザたちが貸し縄張論理を引っ張り出してきたのは、まったく違う理由からだった。

山口組の東京進出を阻止する目的

生存競争が一段落し、組織再編がある程度進んだ高度経済成長期——。

戦後、誰にでもすんなり理解できる弱肉強食の論理で動いてきた関東ヤクザ社会は、山口組という脅威に直面する。山口組は全国侵攻を悲願とし、各地で無軌道な抗争をくり広げていた。東京進出をもくろむ山口組は、まず横浜に進出。再び戦後の混乱期のような激しい生存競争が起こると予想された。

だが、山口組に対し、関東ヤクザはあくまでも、縄張りという既存権を盾にして筋論を展開する。

〈西日本と違い、関東には明確な縄張りがあり、好き勝手に暴れ回られるのは困る〉

戦後の関東ヤクザは、実は老舗一家から、実質的には力ずくで縄張り内の利権を奪ってきた。それを棚に上げた関東勢の言い分は、あまりにも身勝手であり、本来、なんの説得力もない。山口組にすれば笑止千万だったろう。

抗争は必至と思われた。誰もが最悪の展開を予想した。

だが、関東ヤクザは身勝手な理屈を正当化する魔法の方程式を生み出す。それが〝新・貸し縄張の論理〟ある。

〈関東では今も縄張りがある。縄張り内に力のある組織が進出し、シノギをする際に

は、あくまで縄張りを貸したということになり、縄張りを奪われたことにはならない〉

そして、この論理をさらに正当化するため、縄張りの持ち主に地代を払う慣例が生まれた。店子と大家の関係でいえば、勝手に住み着いていた住人が、突然、自分から家賃の支払いを提案してきたことになる。

当時はまだ、各地で博打が盛んだったため、愚連隊の進化系ともいうべき戦後ヤクザに対し、博打を生業とする老舗一家は非常に寛容だった。シノギがバッティングしないから、〝貸し縄張〟の論理は、無理なく双方の利益となったのだ。

だが場所によっては、地代をもらっている側が無理矢理、押さえ込まれているようなところもある。こうした場所で、縄張りを返却してほしいという本音が噴出せず、表面的に友好関係が維持されたのは、ひとえに店子の暴力性が強かったからに他ならない。その意味では〝貸し縄張〟も弱肉強食の論理には違いない。

ヤクザの言い分を鵜呑みにできない理由

六本木の縄張りを持っていた國粋会の本音はどうなのか？　それによって話は大きく変わってくる。もし國粋会が、これまで住吉会に押さえられ、本音をいえなかったとすれば、六本木は大きな火種になりうる。

ヤクザにとって、「借り縄張・貸し縄張」ほどナーバスな問題はない。東京近郊の繁華街では、〝貸し縄張〟でありながら、そう発表されていない場所だってある。〝貸し縄張〟であることが表沙汰になると、他団体の進出を拒絶しにくいからで、はっきりと「書かないでくれ」といわれた盛り場もあった。

六本木にしても、当事者によって話が食い違っている。一方の話だけをマスコミが書けば、当事者は何かと都合が悪いだろう。というより、一方の当事者が「ココからココまでが俺たちの縄張り」と取材に答えても、通常、それは書けない情報とされる。自身の経験からいっても、深刻なクレームの半分が、縄張りの記述絡みだ。どの組織の言い分が通るかといえば、最終的には暴力の勝負によって決まる。

「あの人がこういったから書きました」では通らないのである。

この問題は、2005年に大きく流れが変化した。國粋会が山口組に加入したことで、山口組は東京や関東一円に広大な縄張りを持つに至ったのである。

歌舞伎町が「ヤクザの見本市」になった理由

100以上の組織が密集し、不良外国人まで呼び込んだ背景

新宿・歌舞伎町は現在、関東最大のヤクザ組織である住吉会の縄張りである。貸元（かしもと）という賭場（とば）の仕切り役も地区ごとに数名存在し、そのいずれもが当代きっての実力者だ。にもかかわらず、歌舞伎町には数多くの他団体が進出している。縄張りという制度が、それなりの効力を持つ関東暴力社会の中で、なぜ歌舞伎町に複数の代紋が乱立しているかといえば、決して住吉会が弱腰だからではない。

歌舞伎町がヤクザの見本市となってしまったのは、長い間、この地が実質上のフリーポートだったからだ。繁華街としてはまれなことで、歌舞伎町の常識を他の盛り場に当てはめることはできない。ミカジメ料ひとつとってみても、他の盛り場ではもう払っていない業者が多いというのに、歌舞伎町ではいまだに大きな資金源となっている。

住吉会が、歌舞伎町をはじめ、新宿一帯、JR中央線沿線の一部地域という広範囲の縄張りを、名実ともに手に入れたのは平成13年、ごく最近のことだった。それまで、歌舞伎町を含む新宿一帯は、関東では有名な老舗（しにせ）団体・二率会（にびきかい）の縄張りだった。だが、

二率会は古典的博徒色の強い組織で、縄張り内で他団体が行なう現代的なシノギに、とても寛容な態度をとり続けた。住吉会自身、その恩恵にあずかり、神農系（テキヤ系）の極東会とともに、歌舞伎町に根を下ろしてきたのである。

しかし、住吉会がどれだけ力を持とうとも、あくまでも縄張りは、二率会から借り受けていただけだったから、他団体の進出を拒否する正式な権利を持っていなかった。その間、多くの団体が既成事実を積み上げて続々と歌舞伎町に進出、今のような複雑な勢力図を作り上げていったのである。

力のバランスを崩した山口組

現在、歌舞伎町になんらかの拠点を持つヤクザ組織は、希代のカリスマ稲川聖城総裁が作り上げた稲川会、戦後の暴力社会を暴れ回った東声会を源流とする東亜会、「関根組にあらずんばヤクザにあらず」といわれた関根組の系譜をひく松葉会、そして前述の極東会をはじめ、多くの老舗テキヤ団体がある。

それでも新宿には、代紋の壁を越えた大同団結の伝統があって、彼らは中央懇親会という親睦組織を結成し、共存共栄を図っていた。このバランスを崩したのが山口組で、その動きは昭和末頃から活発になった。

「なにしろ山口組は警察に対し、徹底的に非協力的。隠れ組員も多く、その実態は流動的で、在京団体に比べ暴力的、かつ巧妙といわれている」（警察関係者）

平成9年の上半期、新宿署が指定取締対象としたヤクザ組織には、極東会眞誠会桜成会棚本組（名称は当時。以下同。警察資料のママ）、住吉会向後睦会山内組とならんで、すでに山口組高山組鈴政興業、山口組弘道会司道会、山口組宅見組樋口組の名前があげられている。5つのうち3つが山口組勢力で、ちなみに同時期の警視庁は、五代目山口組後藤組を最重点対象暴力団としている。

また、警察資料によれば、同じ年の新宿・山口組勢力（すべて企業事務所だが、ここではバックの組織名をあげておく。解散、脱会、代目替わりした組もあり、名称はすべて当時）には、一心会、浅川一家、浜尾組、山健組、弘道会、後藤組、宅見組、誠友会、倉本組、浅井組、中野会、心栄会、松山組、中田組、山下組、美尾組、井奥会、杉組などがある。

歌舞伎町にいるヤクザ組織の総数は、一説によれば、100から200余りに上るという。数字に開きがあるのは、待機事務所や個人宅、暴対法の中止命令に備えた予備施設などをカウントするかどうかの違いだけで、約600メートル四方という歌舞伎町の狭い面積を考えれば、想像を絶するヤクザ過密地帯には違いない。

外国マフィアがいっきに増殖した理由

歌舞伎町を根城としてきたのは、なにもヤクザばかりではない。台湾、中国本土、韓国、イラン……各国から押し寄せる不良外国人たちも同様だ。バブルの頃から目立ち始めた彼ら——通称、外国マフィア勢力も、歌舞伎町では見過ごせない一派であろう。

一時期、外国人勢力の隆盛ぶりは明らかだった。

「表向きは日本人の店になっているケースが多いが、実質的な経営者がマフィアだということは誰にでも分かる。しかし、面白いことに、そういった店のほうが繁盛した。客として遊ぶぶんには面白いし、まったく危険を感じないからだろう。実際、サービスもいい。ヤクザがタッチする店も多いが、客からすると、危ないのはそっちのほうだという印象がある」（都内の盛り場に詳しい風俗ライター）

お客としては、店の裏側を仕切るのが日本人ヤクザだろうと、外国人マフィアだろうと無関係である。外国人たちは、後発のハンディをものともせず、顧客サービスのために法律を破る以外、ひどくまっとうな手段で次第に固定客を摑んでいった。このあたりのセンスは、ヤクザの対極にある。ヤクザの商売は、えてして楽なほうへと流れやすく、やり方としてはロスが多い。

不良外国人たちは、手つかずの分野にも積極的に手を伸ばした。これまでヤクザが手を染めていなかった窃盗や強盗などは、今や彼らの一大独占分野である。金のためなら手段を選ばないやり口は、現在でも歌舞伎町の裏社会でたびたび話題になる。

「ヤツらは金のためならなんでもやるし、ヤバいとなれば、容赦なく殺人もする。顔

を見られたから、なんて理由で簡単に殺すんだから、たまったもんじゃない」（外国人マフィアと接点を持つ在京団体若手幹部）

不良外国人が台頭しはじめた当初は、ヤクザとの間でいざこざが頻発した。

そもそもヤクザは、博打打ち（博徒）や露天商（テキヤ）から、現在のように暴力の専従者となった経緯がある。そしてヤクザは、長い時間をかけ、暴力を盾にして、非合法産業から一定の利ザヤを得る独自のルールを作り上げてきた。売春婦も、詐欺師も、シャブの売人も、縄張り内で違法な商売をしようと思えば、地元のヤクザに金を払うのが慣わしである。義務ではなく強制だから、突っぱねることもできなくはないが、ヤクザの持つ力には太刀打ちできない。さりとて、スネに傷持つ彼らには、ヤクザを警察に訴えることなど不可能である。

盛り場に根を張った不良外国人たちも、すぐにヤクザたちとぶつかった。実際に殺し合った例も多いというが、そのほとんどが隠密行動で、実態はなかなか分からないという。ただ、ときおり大規模な事件が起こり、世間は裏社会の動きを実感した。94年8月に起きた、いわゆる「青龍刀事件」や、かつてはヤクザ御用達の喫茶店だった「パリジェンヌ」で起きたヤクザ射殺事件は、これまでとはまったく異質の暴力事件であり、今も記憶に新しい。

歌舞伎町浄化作戦後のヤクザたち

　しかし、こうした裏社会の生存競争も、どうやら沈静化の方向に向かいつつある。警察、入国管理局などが一体となり、それに政府与党や東京都らが加わって、徹底的な歌舞伎町浄化作戦がくり広げられたからだ。たび重なる集中取締まりによって、違法カジノ、ゲーム喫茶、裏ビデオ販売店、違法風俗店は壊滅的な打撃を受けた。２００６年４月には「公衆に著しく迷惑をかける暴力的不良行為等の防止に関する条例の一部を改正する条例」「性風俗営業等に係る不当な勧誘、料金の取立て等の規制に関する条例の一部を改正する条例」が施行され、歌舞伎町の風景は激変したのである。

　２００２年2月には計50台の監視カメラが設置されたり、警察の強い要請を受け、在京ヤクザ組織が「パリジェンヌ」や「叙々苑」(焼肉屋)、料亭などの使用を自粛したりと、ヤクザたちも浄化作戦の影響を実感したことだろう。おそらく、ここまで厳しい権力の介入があるとは、思っていなかったに違いない。

名古屋▼山口組六代目を生んだ都市の意外な治安事情

ボッタクリ風俗店がほとんどない繁華街の秘密

一般的には、大都市になればなるほどヤクザを養う土壌が豊かになり、加速度的に組織や組員が増加するといっていい。にもかかわらず、名古屋市（愛知県）のヤクザ体感指数はそう高くない。あえて組事務所の周辺をうろうろしたり、ガラの悪いことで有名な池田公園近くの喫茶店にでも出向けば話は別だが、錦や通称「女子大小路」周辺といった繁華街を歩いていて、それっぽい集団と遭遇するのはまれだ。

特に名古屋を地盤とする弘道会出身の司忍山口組六代目が誕生してから、ネオン街でヤクザを見かけることはめっきり減った。

かたや、呼び込みやキャッチはかなりの数で、彼らの背後にヤクザがいるのは明らかだが、あまりしつこくないし、妙に人なつっこいので、ついついバックの存在を忘れそうになる。札幌・ススキノのように、純朴な風情で安心させてボッタクるということもなく、実際、ボッタクリ風俗店はほとんどないという。

「名古屋でそんなことしたら、すぐもたなくなるもんで、どこに行っても安心して遊べますよ」（市内のタクシー運転手）

ただ、周囲にあまりヤクザがいないからか、呼び込みたちに遠慮がなく、ヤバい話を平気でしていた。東京でも、呼び込みたちがダべる光景をよく見かけるが、都条例のおかげで常に周囲を警戒しており、名古屋ほど大声で裏社会の動向や取締まり情報を喋る人間はいないはずだ。

その他、裏社会的な見地からすれば、違法ドラッグのおおっぴらな密売も不名誉な名物である。密売人はイラン人を中心とした不良外国人だが、警察の捜査で壊滅的な打撃を受け、しだいに販売形態が変化していったようで、ドラッグ売買の一大拠点となっていたテレビ塔周辺からは、ほとんど姿を消している。

〝最強ヤクザ〟がいる繁華街

「徐々に取締まりが厳しくなり、最後はタクシーで移動しながら客と携帯電話で連絡を取り、テレビ塔の周辺で取引してたね」（愛知県警のOB）

テレビ塔下の公園は、条例が災いしてなかなか交番が作れず、売人たちが跋扈する原因のひとつにもなっていたという。やっと完成した仮設住宅のような小さな交番には窓がなく、監視には不十分だと思われるが、そのぶん、ひっきりなしに警官の出入りがあって、それなりの抑止効果にはなっているようだ。

こうした名古屋の実情には、山口組トップを輩出した弘道会が大きな影響を与えているといわれる。司六代目は2005年、刑事裁判で実刑が確定し収監されたが（2

011年出所)、収監が決まってすぐ、弘道会の組員に外出を控える通達が出され、もしトラブルを起こせば、厳罰に処すという方針が示された。こうした弘道会のスタンスは、好むと好まざるとにかかわらず、ヤクザとの接触が不可欠な業種に就業する市民たちにも、充分浸透しているようだ。

「その話は誰でも知っている。警察に揚げ足とられんように、という配慮でしょう。ただ、もともとうち(名古屋)は、弘道会がしっかりしてるから変なことがない。たとえば東京の歌舞伎町には、たくさんの組があるでしょうが。付き合うヤクザもいろいろだから、どうしてもトラブルが起きる。知り合いの店など、ミカジメ(用心棒代)を二重取りされてたらしいです。そんなこと、名古屋ではありえない」(新栄の風俗店経営者)

ヤクザに寄生されながらも、「弘道会がいてよかった」というのが、彼らの実感なのだ。もちろん、必要悪を認めたうえでの話で、どうせヤクザが巣食うなら、弘道会が好ましいということだろう。

ヤクザは、嫌われ、恐れられながらも、愛されなければならない。その意味では、一種、理想的なあり方で、弘道会が、地元支援者とうまく距離を保ち、アメとムチを使い分けながら、「決して殺さず」に付き合っていることを窺わせる。

地縁・血縁にガッチリ食い込む伝統

「はっきりいえば、弘道会がいるから名古屋は安心なんだ」

露骨なヤクザ礼賛を掲げ、したり顔でこう解説するのは、市内の飲食店店長である。彼によれば、2、3年ほど前、弘道会の組員たちは3人ほどのグループで、ひっきりなしに繁華街を地回り（巡回）していたそうだ。

「ちゃんとしたスーツを着て、あっちこっちを見回っていた。カタギの人とどうのこうのなんてなかった。これでかなり街が変わったよ」（同）

ヤクザ寄りの発言だから、割り引いて考える必要があるだろうが、彼にいわせれば、弘道会の地回りがなくなってから、街の治安は再び悪化しつつあるという。

「最近は普通の人間が悪いもんでね。どこも同じだろうが、これが一番タチが悪い。乱闘騒ぎなんかもありますよ。ヤクザはそんなことしませんね」（同）

弘道会による地回りが治安回復に一役買ったことは事実でも、そもそも地回りは、他団体に対する示威行為である。彼らが頻繁に繁華街を巡回していた時期は、司忍六代目組長が、山口組若頭になるずっと以前、住吉会親和会との栃木戦争の頃だから、ヒットマンを警戒していたとも考えられる。

この地回りは、警察の要請によって中止され、以降、弘道会は名古屋市内でまったく示威行為をしなくなった。今では暴力社会のトップクラスとなったため、もはや弘道会に刃向かう者はなく、その必要がなくなったのかもしれない。

「名古屋の暴力団は口で脅しているだけじゃなく、すぐに手が出る。事件化していな

いものもめっさ（たくさん）あって、あまり関わり合いになりたくないね」（市内の土建業者）

先鋭化を実感させられる証言も多数あるが、全体的に見れば、やはりヤクザに対する嫌悪感は希薄なようである。一般市民にとっては社会悪であっても、名古屋には生活の深部まで、ヤクザが入り込んでいるのだろう。地縁・血縁にがっちり食い込む様子は、地方都市型のヤクザといってよく、大都会の組織ながら、地元と密着する手法は古典的といえなくもない。

ヤクザ業界の「関ヶ原」

愛知県下のヤクザ組織の勢力は、約200団体4600人で、準構成員の数は約2400人（平成14年末現在）。そのうちのほとんどが、山口組というかなりの寡占地帯である。

だが、もともと名古屋は独立組織の宝庫だった。名古屋地方裁判所による「管内博徒に関する調査」（昭和2年発行）には、さまざまな団体名があり、そのすべてが独立組織。総数はなんと200以上に達する。なにしろ、当時は娯楽が少なく、非合法ながら、賭場は一般的な大人の娯楽として認知されていた。

「博徒團體ハ各其系統毎ニ費場所ト称シテ縄張ヲ有シ賭場ヲ開帳セシメ寺銭ヲ徴収シ、之ヲ以テ渡世スルモノニシテ」

というわけで、縄張りごとに独立組織があり、まさに百花繚乱だったのだ。山口組は、3代目田岡一雄組長の時代に全国侵攻したが、当時、名古屋のヤクザの自主性はまったく揺るがず、中京のことは中京でという伝統が残っており、県外勢力と激しい抗争事件をくり広げた経緯がある。

だがその後、この土地は、地理的条件から関東ヤクザと関西ヤクザがぶつかり合う「関ヶ原」となってしまう。それまで一本独鈷を続けていた数多くの組織は、軒並み激しい勢力争いの波に呑み込まれ、大組織の論理に翻弄されてしまったのだ。

その後、武闘派組織が相次いで山口組入りし、幾度も再編をくり返した結果、名古屋一帯は山口組にとって最も強力な武闘派軍団が居並ぶ精鋭地帯となった。今では、ヤクザ勢力の八割強が、弘道会を中心とする山口組の有力団体で占められている。

大阪・ミナミとキタ▼山口組の寡占化でイビツな勢力争いも

同門がひしめき合うナニワ屈指の盛り場

大阪には約360ものヤクザ組織があり、組員の総数は約1万7000人。ここ5年は、ほぼ横ばいの状態が続いている。この数字を見ても分かるように、大阪には数多くのヤクザがおり、外国のメディアに「暴力団の街」と揶揄されたのも、あながち的はずれとはいえない。特に、暴力団対策法による中止命令は全国一の数で、平成16年は合計345件。暴対法が施行されてからの累計は4000件以上あり、ヤクザはその数ばかりか、活動状況も活発だと分かる。

その内訳はこうだ。

不当贈与要求――27・2%
不当下請け参入要求――3・7%
用心棒代要求――13・7%
不当債務免除要求――16・2%
現場助勢――11・0%

脱退妨害――11・0％
加入強要――6・9％
その他――12・4％

こうしたヤクザたちの舞台が、ミナミやキタと呼ばれる繁華街だ。

ミナミは難波千日前、道頓堀、心斎橋近辺にかけての通称で、もともとは道頓堀川の北側、島之内の遊廓街を指した。盛り場としての歴史は古く、大阪歌舞伎座や映画館、多くの飲食店がある大阪随一の歓楽街である。

ここにはクラブやバー、スナック、また風俗営業店などが軒を連ね、また、違法業種の店舗も多いという。ノミ行為、バカラ賭博、売春産業、ゲーム喫茶など、まさに犯罪産業の過密エリア。その数はざっと6000店以上ともいわれ、風俗店と関わりの多いヤクザにとっては、なによりの風土だろう。

「同じ山口組同士で、シノギを奪い合っとるような状況やな」

警察資料を見ると、はっきりとした数字が浮かび上がる。それによれば、ミナミの組織数は約50団体、準構成員を含めると、総数2000人を超える関係者が棲息しているのだ。

「実際はそれ以上あるやろうな。二代目宅見組や一心会など、二次団体の本部もようけあるし、山健組の有力団体も数多く進出している。西成にもヤクザの組がたくさんあるが、西成ヤクザは大阪でも独特の存在。本来のヤクザのメッカいうたらあっちかもしれんが、現代ヤクザとしては、ミナミが最も生きやすい街やろう。

今は新大阪近辺の再開発などもあって、キタを狙っている組織が多いらしいが、大阪ヤクザにとっては、ミナミはいつの時代も離れがたい街やろうな。ここからヤクザがいなくなることなんてないよ」（広域組織三次団体幹部）

戦後、ミナミ最大の勢力は酒梅組だった。酒梅組中興の祖である「はごろも」こと松山庄次郎が酒梅組を継承し、ミナミに本拠を置いたためで、現在は西成区に移転している。

かつて山口組（本拠地は神戸）は、明友会というミナミの愚連隊との抗争を契機に、大阪進出の既成事実を作り上げ、以後、ミナミの組織を次々に吸収し、新たな覇者となった。現在の山口組内でも、もともとミナミに本拠を置く組織に所属していた人間は多く、執行部入りして、組織の中枢を担っている。

「ミナミの南道会系や南一家系は、山口組でも有力な一派。現在はこれといって横のつながりはないようやが、同じ組出身の連帯感はあるんやないか。どちらにしても、今のミナミは、山口組一色みたいなもんや。

山口組以外の組もあるが、数でいったら微々たるもんやで。この街におるヤクザは、みんな山口組といっていいんやないか。同じ山口組同士で、シノギを奪い合っとるような状況やな。

大阪の地の組織はあるが、住吉会や稲川会など、関東の組織はほとんどいない。お膝下の神戸や大阪はガッチリと山口組が固めているから、リスクを背負って進出するほどの利益は、今のミナミからは上がらんで」（山口組三次団体組員）

もっとも、この不況でミナミの風景も様変わりしている。道頓堀通りの名物であったキャバレーは、次々とパチンコ店に姿を変えた。

「でも、他の街に行くつもりはあらへん。やっぱりミナミや」（前出の組員）

こういった意識を持つヤクザは多いようだ。

「抗争」がないから取り締まれない

極端に山口組の寡占化が進み、同門同士のバッティングが日常茶飯事となっている……それはキタでも同様で、大阪は山口組同士で争い、山口組同士がぶつかるという一種異様な街となったわけだ。

だが、もちろん身内同士の抗争は厳禁とされ、暴力的な衝突をすればその双方が処分される。そのため、大阪の勢力争いは陰湿で、政治的寝技があちこちで見られるようになった。

「新しいシノギをしようと思っても、すでに山口組の他団体がいる。喧嘩というわけにはいかないから、どうしたってライバルを蹴落とすためには謀略を使う必要がある。

力のある人間が絶縁となれば、誰もが喜ぶやろ」(山口組関係者)

他団体に差をつけようと山口組に飛び込んでも、ライバルがみな山口組になってしまえば無意味である。寡占化が極端に進むと、ヤクザにとっては結局しのぎにくくなるという定理が、大阪ではまさに現実のものとなっているのだ。

また、違法DVD販売などでは、ヤクザ組織と関係の深い右翼団体などが台頭している場所もあるという。身動きがとれなくなった現状を打開するための苦肉の策だろうが、この点でも大阪ヤクザは、苦境に立たされているとはいえないか。

こうした現状の中、警察も新しい捜査方法を編み出し、ヤクザたちを取り締まっているようだ。犯罪収益に税金をかけるなどし、これまでなら起訴にすらならなかった事件が、大阪では起訴・有罪となっているのである。その決定打は所轄となる警察署を飛び越し、警察の上部が直接取締まりに当たる方法だという。

「所轄の刑事とヤクザの間には馴れ合いがあって、情報を流す刑事もいると聞く。そこまで露骨な癒着はなくとも、普段、情報収集などで接していれば、どうしたって情が移ってしまう。だから、山口組をパクるために、普段、ヤクザと接していない部隊を捜査に当てる。情けをかけることもなく、犯罪は犯罪として取り締まるために、いろいろな作戦が取られている」(地元紙記者)

同門によって地図が埋まったため、〝喧嘩〟という最大の武器を使って他団体の地盤を侵食することができなくなった大阪のヤクザ。反面、抗争という取締まりの好機がないため、警察も必死になって新戦法を編み出し、それが実践されているのだろう。

こうした状況の中、大阪で山口組の占める割合は77・2％。次いで酒梅組3・1％、東組3・0％。そして、その他が16・7％になっている。

札幌・ススキノ▼観光裏名所「性風俗店」と地元ヤクザの蜜月

日本一荒っぽい「呼び込み」が黙認されてきた理由

東京以北、東日本最大の歓楽街である札幌・ススキノには、約４２００店舗の性風俗店・飲食店が密集し、ヤクザにとってはおいしい場所だ。

「札幌のヤクザは、こういったネオン街を資金源獲得の場としながら、シノギをめぐって暗闘をくり広げている」（地元紙記者）

ヤクザ組織が直接風俗店を経営することも珍しくなく、全国一悪質ともいわれる、あの悪名高き呼び込みは、ヤクザがネオン街に密着していることの裏返しと考えていい。実際、ボッタクリ店も多い。

これに対して警察当局が重い腰を上げた。平成15年10月に対策本部を設置すると、翌年には、「薄野（すすきの）特別捜査隊」による悪質な客引きや違法な風俗営業の取締まり、制服警察官を中心とした「薄野街頭犯罪特別取締隊」による少年補導活動も行なわれた。

この薄野特別捜査隊は北海道警察が作ったもので、ヤクザ組織や不良外国人などが起こす組織犯罪の取締まり専門部隊で、刑事課、生活安全課、警備課、交通課の各分野から選抜した35人のエリート捜査員がメンバーだ。

捜査隊が設立されると、彼らはさっそく摘発に動きだした。ヤクザによるデートクラブ売春事件、カジノバーにおけるバカラ賭博事件、中国人による偽造外国人登録証行使事件、イスラエル人による商標法（偽ブランド品）違反事件、ヤクザらによる住基カードの不正入手事件、売春目的の人身取引事件など、華々しい成果を上げ、100人を検挙したが、そのうちヤクザ組織の構成員は56人だった。なかでも突出していたのが山口組の組員である。

東京近郊の性風俗店、とりわけ合法店と呼ばれるファッションマッサージ店などは、次第にヤクザと距離を置き始めているが、ススキノでは合法・非合法にかかわらず、風俗店の大半がヤクザ組織と密接な関係を持っているのだ。

ヤクザ産業が〝裏名物〟になった自治体

北海道警察が発表した統計によると、札幌最大の繁華街であるススキノで許可を受けている店舗型の性風俗店は合計304店（うち、ソープランド43店、ファッションヘルス238店）あり、そこからヤクザ組織に流れる金は、1年間で数十億円にもなるという。道警の見解では、ススキノで営業する店舗のうち数十店がヤクザの直営店、もしくは売上げをヤクザに上納しているというが、はっきりいえば、ヤクザ組織に金を落としていない業者のほうが珍しいと考えたほうが、実情に即しているだろう。

それは風俗雑誌の記者たちにも共通する意見で、全国的に見ても、ススキノの業者はかなりヤクザ組織に近いという。

「ススキノの呼び込みの荒っぽさは日本一。他の盛り場と比べ、しつこく乱暴で、実際、客とのトラブルが多いんです。それが表面化しないのは、ヤクザたちが暗躍しているから。

呼び込みたちの発言力も、バックにいる組織によって変わり、大組織が後ろにいるところはかなり悪質」（風俗誌の中堅ライター）

道警幹部は「暴力団勢力の根絶のため、性風俗店の取締まりを徹底したい」と熱く語るが、札幌には性風俗産業が観光の裏名所になっているジレンマがある。

「ススキノのソープやファッションマッサージで遊ぶ客には、道外からやってくるサラリーマンが多い。

地域条例が違い、ススキノでは18歳の女性でも合法的に働いているから」（同）

道警が息巻くように、性風俗産業への取締まりを強化すれば、盛り場に落ちる金も激減し、ただでさえジリ貧の北海道経済は、なおさらその勢いを失ってしまうだろう。

漆間（うるま）巌（いわお）警察庁長官が札幌入りし、ススキノなどを視察した際も、

「道警が暴力団がファッションヘルスを資金源にしている実情をよく把握している。これを基に暴力団にメスを入れてほしい」（『毎日新聞』抜粋）

という談話を発表した。

要するに、性風俗産業の用心棒は警察に任せろというアピールだ。

道警が把握しているススキノの指定暴力団組員や関係者は約800人。組事務所は二十数カ所に上るという。

「どうあがいたって、お上には勝てない。だが、ススキノには長い時間をかけて築いたヤクザと風俗の蜜月関係がある。これからシノギがしやすくなることはないだろうが、すぐにヤクザのシノギがなくなるとは思っていない」（札幌に事務所を持つ広域団体幹部）

札幌では、デリヘルなどの無店舗型風俗店も盛んで、ここにもヤクザの直営店が多い。

今後、まずはこのあたりから捜査のメスが入るのかもしれない。

仙台▼杜の都はヤミ金の一大拠点だった

業者とヤクザ組織が入り乱れて勢力争い激化

杜の都と呼ばれ、美しい市街地の景観を誇る仙台市だが、この地を根城とするヤクザ団体は、年々増加傾向にあるといわれる。

「外部から地方都市に進出するには、コネや人脈などが必要で、なかなか思ったようにいかないが、仙台にはたくさんの代紋（団体）が入っており、比較的容易。組事務所となるといろいろ軋轢もあるが、企業活動なら、筋だけ通せば話が簡単にまとまる。ヤミ金などのグレーな商売も、仙台に支店を持っているところは多い」（関東の独立組織幹部部組長）

事実、仙台はヤミ金の一大拠点で、そこにはヤクザたちが大きくかかわっている。1999年には、仙台市の消費者金融大手プロミスから顧客データが漏洩し、組員の手に渡ったことが社会問題になったが、これ以降も、仙台にはどんどん業者が進出しているのだ。

その後、貸金業を無登録で営み、出資法の上限金利（年29・2％）の最高26倍の利息で貸し付けしたとして、指定暴力団組長が逮捕されたと報じられた。この組長は仙台の地元組織ではなく山口組の人間だ。また数年前には、山口組と住吉会の間で抗争事件も起きている。発端は山口組組員が店長をしている居酒屋に、住吉会がミカジメ料を請求したことだった。

東北一の歓楽街である仙台・国分町(こくぶんちょう)にも、かなりのヤクザ組織が出張(でば)っているようで、勢力争いは次第に激化しているようだ。管内には、指定暴力団の山口組系、住吉会系、稲川会系、極東系などの組織が勢力を築き、その他の系列も周辺から進出の機会をうかがっているらしい。

それに呼応するように、警察の取締まりも年々厳しくなり、ヤクザたちに大きな打撃を与えているという。こういった動きは、歌舞伎町浄化作戦を参考にしているといわれ、新たな条例が作られる可能性もあるらしい。

東北ヤクザの厳しい環境

平成17年から、国分町交番には「中央歓楽街等治安対策」の看板が掲げられており、まさに歌舞伎町を見ている思いがする。これは「街頭犯罪などの抑止と環境浄化を図り、安全で安心な生活（風俗）環境と公共空間づくりに向け、集中的な対策を実施」（国分町交番発表）するもので、もちろんヤクザ対策を念頭に置いたものだ。建て前としては立派だが、歌舞伎町のように、行きすぎた取締まりのため、ネオン街の活気が損なわれてしまったとしたら、本末転倒だろう。

なにしろ国分町をはじめ、仙台、そして東北の歓楽街は集客能力が低い。

「デートクラブや派遣型ファッションヘルス等のピンクチラシの大量頒布や飲食店従業員の看板携行による客引き類似行為等が横行していたため、宮城県警察は、仙台市をはじめとする関係機関・団体を巻き込んだ環境浄化活動キャンペーンを実施した。キャンペーンでは、ボランティアとの共同によるピンクチラシ回収のほか、ピンクチラシ『まき屋』104人を売春防止法違反（周旋目的誘引）で検挙し、デートクラブの摘発によってピンクチラシ70万枚等を押収した。また、同地区内の飲食店営業者等による自主的なチラシの追放活動、町内会による浄化活動を推進した」（『警察白書』より抜粋）と警察は「地元と連携した取り締まり」の効果を誇らしげに語るが、果たしてこれが仙台のためになっているのか。一度きっちりと検証する必要があるだろう。

東北6県の組員総数は、わずかながら減少傾向にあり、平成18年は約4480人だった。この数字は前年に比べ、160人のマイナスだ。統計上、都市部はともかく、人口の少ない地域では徐々にヤクザが減っているようである。同様に、検挙者数も、年々減少傾向にある。

「ヤクザをやっていれば、それだけで飯が食えるという時代は終わった。東北にはまだ昔ながらのヤクザも多いが、新しい価値観についていけない〝化石〟になってしまえば、今後はどんどん厳しくなっていくはず。とにかく、攻めの姿勢を維持していかなければ飯は食えない。今後は少数精鋭で、よりいっそう活動的な組織をつくってい

く必要がある」（東北の某都市を地盤とする広域組織三次団体組長）

この言葉どおり、東北ヤクザの置かれた環境は、年々厳しいものになっているのだ。

東北全体ではヤクザ人口が1～4割の減少

東北も、現在では広域3団体による寡占化が激しく進んでいる地域である。最も顕著なのは青森県で、全団体のうち、山口組が28団体、稲川会が14団体、住吉会が6団体で約98％を占める（残り2％は指定を受けていない団体）。構成員数は総数591人中、山口組が360人、稲川会が190人、住吉会が40人となっている。

他県もそれぞれ同じような傾向にあり、3大組織の寡占化が目立っている。たとえば、秋田県には合計14団体、約300人のヤクザ構成員がいるが、三大組織の割合は8割を超え、寡占化の実態を窺い知ることができる。

東北管区警察局によると、暴力団対策法施行前の平成3年12月末の時点で、東北6県のヤクザ団体は、宮城の約55団体、約1600人を筆頭に、合わせて約2000団体、約5300人の勢力があったが、平成10年1月には、約1900団体、約3900人にまで減少した。

県別に平成3年から9年までの推移を見ると、宮城で約15団体、約400人が減少。他県では、団体数が青森、福島で増え、秋田（指定暴力団が17団体、構成員が約310人）では変動がないが、人数は各県とも1割から4割程度減った。北海道同様、フロント企業に流れている勢力もあると見られるが、やはり減少傾向にある。

横浜▼モダンな港町はフロント企業の巣窟

まさに「ヤクザのための都市」といえそうだ

「みなと横浜」と唄われ、洗練されたイメージが先行する横浜市の実態は、実をいえばヤクザの巣窟（そうくつ）だ。地方自治体として実質的な破産状態にあるのも、ヤクザにアマいせいではないかと勘ぐってしまう。なにより、港はヤクザを生み出す最適の土壌である。港湾労働者を搾取（さくしゅ）し、覚せい剤に代表されるご禁制品を輸入し、窃盗団が集めた盗難車を海外に送り出すのも港だ。近年は監視が厳しく、わざわざ横浜を選ぶバカな犯罪者はいないだろうが。

また、こうした魑魅魍魎（ちみもうりょう）が集まる土地には、それを目当てにした繁華街が形成される。博打場（ばくちば）、売春宿……この手の店にとって港町は客が集まるいい場所だ。それを見越して、戦後の横浜には多くの犯罪者が集まった。犯罪者からカスリを巻き上げるようになったヤクザも、それに比例して増加するようになった。そうした経緯は、今の横浜の土壌に直結している。

実際、ここには広域団体である稲川会、かつて港湾荷役業務を牛耳っていた双愛会、また山口組の直参組織などがあって激しい生存競争をくり広げている。古くから東海道筋に力を持っていた稲川勢力が突出しているのは当然だが、最近では山口組勢も勢力を伸ばしているようだ。

「横浜の留置所には、場所によっては山口組の組員のほうが多いところもある」（警察関係者）

もちろん他組織も認められるし、逮捕者の数がそのまま勢力の強さには直結しないが、潜在的な組織力をはかる際の目安にはなるだろう。

かつて稲川会と山口組が激しくぶつかった

横浜市の場合、こうした現象は、なにも最近になって起こったのではない。山口組の関東進出はまず横浜からであり（実質、売春産業として進出し、その後合法的な分野にも手を伸ばした）、山口組3代目・田岡一雄組長の時代から、一貫してマスコミの注目を浴びてきたのだ。

たとえば、昭和47年11月11日の『週刊読売』には、次のような記事が掲載された。

「十月二十四日、神戸市灘区篠原本町の田岡組長宅、別名・田岡御殿はヒッソリしていた。この日、田岡御殿では、稲川会の石井進理事長（四八）、趙春樹専務理事（四四）と山口組の山本健一・山健組組長（四七）、益田芳夫・益田組組長（四一）の兄弟盃の縁組みが行われていた。（中略）はたして、山口組の平和共存外交なのか、それとも戦争前のミセカケの同盟か――はわからないが、地味だが不気味な盃であった」

（『不気味な兄弟分誕生』より）

この盃以前まで、両者は、各地で激しく対立し、数々の抗争事件を引き起こしていた。稲川会・林喜一郎大幹部は、「関東には山口組を一歩も入れない」と公言していたし、実際、強引な手法で横浜に先兵を送った山口組との間にトラブルが頻発。昭和38年には、横浜市内で市街戦の一歩手前という事態にまで発展していたのだ。

だが、山口組はこれを契機に、「麻薬撲滅同盟横浜支部」の設立を名目に、組員の横浜への駐留を関東側に了承させ、そのうえで記事にある盃事が執り行なわれた。勢力地図が大きく塗り替えられるのではないかとの声が出るのも当然だった。事実、この盃に対して、関東の他団体は一様に反発した。稲川会にその意図はなかったようだが、現実問題、山口組と稲川会が手を結べば、それに対抗するには決死の覚悟が必要だから、拒否反応は予想以上に激しかった。

結局、田岡組長は、全国侵攻の動きを、首都圏を回避して東北・北海道に進め、その後「首都圏に事務所は出さない」という不文律が生まれる。現在でも、先日山口組入りした國粋会の縄張りと横浜を除けば、山口組が表だって代紋を掲げている地域は皆無だ。

いち早く企業化を成し遂げた横浜ヤクザ

近年になると、東京都同様、山口組の進出の実態が表面化するようになった。

「一九八五年ごろから東京や首都圏で動きが活発化。組のバッジをちらつかせたり、組名の入った名刺を配ったりして、当初は手控えていた用心棒料やノミ行為、とばくなどの組活動を始めた。また、進出メンバーで『親ぼく会』を作って定例会を開くなどしたため、地元暴力団とのトラブルが出始めた。こうした動きに伴って、東京では、恐喝などの容疑で逮捕された山口組員は昨年四百三十二件、三百八人で、この四年間で件数は一・四倍、人数は一・三倍に増えた」（『朝日新聞』1990年12月7日付）

当時、山口組の関東進出が盛んに取り沙汰され、関東の組織は一様に警戒感を強めていたが、1988年の首都圏の定住組は、神奈川県で9団体287人、埼玉県で6団体30人、千葉県で8団体28人が把握されているにすぎなかった（各県警調べ）。現在、山口組の勢力はこの時点の数倍に膨れ上がっているが、あまり業界の話題には上らない。もはや山口組の関東進出が、既成事実として定着してしまったということだろうか。

ちなみに、横浜のヤクザは、いち早くフロント企業化を成し遂げたことでも知られる。

「早くから経済的なことに目を向けるヤクザが多く、また一般企業との連携も盛んだったため、ヤクザによって合法的な企業が多く作られた」（全国紙記者）

これも港の効果だとすれば、まさに横浜はヤクザのための都市といえそうだ。横浜を本拠とする組織のフロント企業には、石油開発、損保、観光、愛玩動物、ペットフード、映画の企画制作、骨董品販売、古物商、ビデオ宅配、健康食品販売、絵画・植木リース、ビデオ・カラオケ・ファックスのリース、機械・食品販売業、ウーロン茶販売、印刷業、各種タオル卸業、パチンコ景品交換所、貸しビル、土建業、総会屋、プロレス興行、靴・袋物輸入販売、旅行用品のレンタル業、ボクシング興行、ゴルフ場経営、青果の仕入れ販売、カレンダー販売、宣伝広告業、土建業、建設業、解体業、贈答品販売業、建設設計工事請負業、建設資材販売業、飲料水販売業、芸能人育成・斡旋業、港湾・河川改修業、おつまみ販売業、海運業などがある。

福岡▼独立組織が群雄割拠する特異な風土

業種によってヤクザの棲み分けが成立している繁華街

九州、沖縄地方に存在するヤクザ組織の中には、大組織による系列化の波に飲まれることなく、いまだに強烈な独自性を内包し続けている組織が少なくない。独立組織のほとんどが、山口組、稲川会、住吉会といった広域3大組織の傘下になった東日本とは違い、現在でも高い独立性を保っている。この事実は、ヤクザ社会のセオリーに反している感さえある。気風や気質、地理的な条件なども大きな理由だろうが、それだけでこうした特徴を説明できるわけでもなく、ヤクザとしての意識が、根本的に他の地域と違っているのではないかと思えてしまう。

福岡県の指定暴力団の数は5団体。工藤會（北九州市）、道仁会（久留米市）、太州会（田川市）、福博会（福岡市）、九州誠道会（大牟田）といった独立団体に加え、六代目山口組傘下の有力二次団体などがシノギを削る激戦区。実質、日本一独立組織の多い場所といえる。

こうした団体がひしめいているのが、九州最大の都市・福岡市である。西日本の常で、福岡は縄張りのあり方が流動的で、実際、このエリアには福岡県のすべての団体が進出している。組員数の差はあまり問題にはならず、それだけで組織力を図ることはできないらしい。

「九州には、今でも古い体質が残っている。数より喧嘩の時に命を懸ける人間がどれだけいるかで勝敗が決まるから、あまり数の勝負にはならない」（九州に兄弟分を持つ関東広域団体の幹部）

ただ、厳しい生存競争が起こっているわりに、福岡ではあまり暴力団同士のトラブルが発生しない。過去には血で血を洗う凄惨な事件もあったし、道仁会から分派した九州誠道会は、２００６年の発足以降、今に至るまで抗争事件を繰り広げているが、これは内部闘争だからだろう。警察の取締まりを回避する平和共存路線だとしても、多くの団体が群雄割拠しているわりには、揉め事が少ないように感じる。

ヤクザ同士の喧嘩が長びかないワケ

とある警察関係者は、苦々しい表情でこういう。

「福岡に進出している団体は、それぞれ友好関係にあって、福岡の繁華街では業種、場所ごとにきっちりとした棲み分けができているらしい。ヤクザだから当然、出会い頭の喧嘩は起こるが、それが長引くことはまれだ」

大都市だけに、シノギのパイがでかく、それが揉め事の少ない原因なのかもしれない。

福岡県全体における組員の総数は、平成18年12月末現在、約２４３０人。準構成員は約１０１０人となっている。また、同じの年の暴力団員などの検挙人員は、九州管区内では２３３３人。これは前年比４２０人のマイナスだ。

そこには警察の厳しい取締まりが影響しているのかもしれない。実際、警察の取締まりは過酷で、「福岡方式」と呼ばれるさまざまな捜査手法がある。また最近では、公共工事から組織関係業者を締め出す枠組みが生まれ、九州全域で始動している。これは他の7県警との合意書に基づいて、暴力団の捜査情報を相互活用するというもので、もともとは国土交通省九州地方整備局（福岡市博多区）の取り組みだった。

「九州整備局は、指名の対象になる『有資格業者』の暴力団との関係を照会。県警も捜査の過程で暴力団とのつながりが確認できれば、九州整備局に通報し、排除を要請するという。九州整備局は、下請けもチェックし、元請けに排除を求めていく方針だ。問題になる交遊は、暴力団組員との会合や会食、ゴルフなど。二回以上で、建設工事やコンサルタント業務の指名が一年間、回避される。組員が役員だったり、経営参加したりすればもちろんだ」（『中国新聞』）

一方で、九州ヤクザには、不良外国人との交友をいっさい禁じているところもある。警察がいうには、「犯罪の手段・方法は国際犯罪組織の進出や暴力団との結託など、年々悪質、巧妙化しています」とのことだが、これは組織によってかなり対応が違う。

九州は、たくさんの県がそれぞれの独立性を保ち、反面、大きな経済圏を作り上げている。福岡以外の他の地域に目を向けても、やはりヤクザの活動は活発である。

大型拳銃を使う頻度が高い九州ヤクザ

他の県を見てみると、大分県内のヤクザ総数は16団体で、構成員は約４２０人。山口組の有力団体である三代目石井一家が県内最大勢力で、山口組勢力は合計で大分県内に9団体、宮崎県に9団体を擁している。

鹿児島県では、四代目小桜一家が暴対法による指定を受けている。現在、その総数は約１２０人。この数字は、近年まったく変わっておらず、地元主義を徹底する小桜一家らしい。鹿児島県内では、他に約６２０人の県外勢力が把握されており（鹿児島県警）、鹿児島県全体のヤクザ総数は約７００人だ。九州の組織以外では、山口組の組員も多い。

熊本県のヤクザ総数は、計41団体、構成員数は約１０９０人。20年ほど前と比べると、構成員は半減している。うち山口組は合計５６０人で全体の過半数を占める。数年前と比べて一気に山口組勢が増えたのは、一本独鈷だった熊本連合が瓦解し、その一部が山口組傘下となったためだ。

九州全体を見れば、独立組織が非常に多いとはいえ、やはり山口組勢力の台頭が目立っている印象がある。

とりあえずの平和が保たれているとはいえ、大きな抗争が起こるとすれば九州だろう。九州ヤクザは、大型拳銃を使う頻度が高いといわれる。正確な統計はないが、警察資料にも同様の記述があるので、事実と考えていい。目的はいうまでもなく、銃撃した相手の殺害を確実なものにするためである。そのため、見せかけのガラス割りといった行為は、ごく特別な場合を除いて蔑視（べっし）されるという。

第6章

ヤクザは絶滅危惧種!?

10年後に「ヤクザ」は絶滅する!?

暴排条例は単なるきっかけにしかすぎない

全国の都道府県で暴力団排除条例（暴排条例）が施行されると、交流のあったヤクザがバタバタと堅気となった。40歳台から50歳前後の年代ばかりで、高齢化が進むヤクザの中では組織運営の中核に位置し、次世代を担う最高幹部候補だ。ヤクザ取材をしている身からすれば、かねてから目をつけ、育ててきた組織とのパイプである。筆者にとって、彼らの存在はライフラインに等しい。それがあちこち寸断されたのだから、こちらにとっては死活問題である。

ある山口組幹部は、いきなり電話をかけてきた。

「よう、久しぶり。俺さ、今度堅気になろうと思っててよ。いやなに、昔から考えてたんだよ。もうヤクザでは生きていけないだろうって。踏ん切りがつかなかったけど、今度総長が引退することになってね。そうなりゃ未練なんてないし、俺も一緒に辞めようと思って……」

数カ月後、彼は見事にそれを有言実行してしまった。これまで自分が影の社長になっていた建設関係の会社で、今までとは違った現場に出ているという。

「汗水流して働くっつーのはいいもんだな。仕事が終わって飲む一杯のビールが最高に旨い!」

まさかヤクザの口から、いや、元ヤクザの口からそんな健全なセリフが飛び出してくるとは思わなかった。顔つきは以前とまったく違っており、眉間(みけん)に漂う刺々(とげとげ)しさが消えていた。

もちろん、当人にとって、本当に幸せな転換であったかどうかは疑問である。二十数年、ヤクザとして飯を食っていたのだ。未練はあって当然だ。引退を決意するまでは、悩み、苦しみ、七転八倒する日々だったろう。

潰しが効かないばかりか、数々の前科があり、背中には刺青(いれずみ)が彫り込まれ、人によっては指もない。そんな中年を雇ってくれる会社など皆無である。彼が強がって幸せを強調している可能性は捨てきれない。

とはいえ、彼の表情は完全に吹っ切れていた。

「もう駄目なんだよ、ヤクザは。だって無職だろ、建前上。だから200万円以上の車に乗るなって、それだけでパクられるって。現実はそこまできてるんだよ。いままでならそう簡単に辞められねぇけど、新しい総長もすんなり辞めさせてくれたしね」

(同)

失ったネタ元のもう1人を追跡調査した時も、存外、さばさばした様子だった。関東近郊に住むこの元幹部は、毎朝あたりが薄暗い時間に起床、女房と一緒にトラックに乗って廃品回収に出かける。これで月収30万円ほどになるという。

「ヤクザがいなくなり、あんたも大変だろう。お互い潰しが効かない身の上だもんな。よかったらあんたも一緒にしてみるか？　頑張って働けば、ちゃんとそれだけ金になるし、飯が食えないようになったらいつでも電話してくれよ」

逆に励まされ、不覚にも涙が出た。グレーゾーンにすら居座るつもりはないようだった。「元・ネタ元」たちは、たった1人を除いて組織から円満退職をしていた。

10年後にヤクザは絶滅する計算に

私の実体験――ネタ元の大量消失という事態は、警察庁の統計とも見事にリンクしている。

昨年3月15日に発表された平成23年の暴力団員総数は、前年より8300人も減少し、7万3000人。1年で1割程度の人間がヤクザを辞めた計算になる。日本一の組員数を誇る山口組では、二次団体（直参団体）5団体を含む142団体が消滅し、構成員総数は2100人も減少した。このままのペースで減少すれば、ヤクザは約10年後にほぼゼロになる。もちろんこれは机上の空論だが、現実を見ると、あながちありえない話ではない。

なぜヤクザは、この1年あまりで急激に減少したのか？

その答えを暴排条例に求めるのは簡単である。実際、暴排条例はボディブローどころか、クロスカウンターなみの破壊力でヤクザを襲った。さんざん既出しているので詳細は省くが、去年、全国すべての自治体で出そろった暴排条例は、平成3年に施行された暴対法（暴力団対策法）以上の衝撃といっていい。

暴対法はヤクザの犯罪を取り締まる法律である。言い換えれば、犯罪さえしなければ捕まることはない。が、暴排条例はどんな場合であれ、またどんな取引であれ、一般人がヤクザと接触するのを禁止する目的で作られた。取締まりの対象となるのは暴力団ではなく一般人で、組事務所に弁当を届けただけで即アウトとされる。

「馴染みの弁当屋から丁寧に謝られたよ。店に買いにきてくれる分にはまだ売れるんだが、警察からは『配達したら（暴排）条例に抵触するので、共生者として公表しなければならない』、そう言われたそうだ。『俺たちのせいで申し訳ないね』と、頭を下げたよ。わざわざ言いにきてくれるだけで、ありがたかったからね」（関東広域組織の二次団体総長）

年中、警察の厳しい取締まりを受け、社会から爪弾きにされた常態にあるヤクザなら、少々の圧力には耐えられる。いつも強烈な向かい風に晒されているのは、ヤクザにとっては日常だ。しかし、ヤクザと接点を持っていた堅気は、同様の厳しさに直面すると早々に音を上げる。万が一にも、条例が言うように共生者として氏名を公表されてしまえば、銀行口座も持てず、クレジットカードも作れないような事態さえ招き、まともな暮らしが営めない。

「警察は我々の関係先を一つひとつ回っている。シノギとなる会社だけじゃねぇ。飯屋、飲み屋、車屋、どんな店にもだ。一応、暴排条例では、ヤクザ個人が店で飲み食いをする分には取締まりの対象にならないとされている。そんなのは嘘っぱちで、現実にはヤクザの家族さえ出入り禁止にされる」（独立組織幹部）

暴排条例に対する恨みつらみ、不平不満の声は、全国各地、どのヤクザ組織からも聞こえてくる。

とある新聞記者が、まったく面識のない組織に電話取材した際のことだ。

「いきなり事務所に電話したって、これまでならガチャ切りですよ。こっちもヤクザの談話がとれるとは思ってない。とりあえず取材をしたという事実を作りたいだけ。でも、今回は対応がまったく違った。若頭の携帯を教えてもらい、その後、組長と会うことになった」（全国紙記者）

いまやヤクザの悩みは十中八九、暴排条例である。そう断言してかまわない。指定暴力団のトップだろうが、末端のチンピラだろうが、みな悩みは一緒なのだ。そんな声ばかりだから、いまのヤクザ記事はどうしても暴排条例がらみとなりやすい。

一部のインテリ層を巻き込んだ人権論といったご高説にはじまり、インタビューやレポートといった類のものまで、どんな切り口でも必ず暴排条例がからむ。六代目山口組・司忍組長さえ、『産経新聞』のインタビューに応じているのだ。ヤクザの意見をそのまま載せると約束し、暴排条例に対する怨嗟の声を集めるだけなら拍子抜けするほど簡単に取材が進む。というより、大事な客人としてもてなされる。

そもそも犯罪主体のヤクザは暴排条例の影響ゼロ

普段、ヤクザとの接触を持たないジャーナリストは暴力団耐性がないため、そうしたヤクザの振る舞いを見て、「ヤクザを肯定するわけじゃないが、ヤクザでもいい人はいます」と、初心者らしいヤクザ肯定論に罹患する。暴排条例そのものは明らかに人権侵害だから、反権力の大義名分なら充分すぎるほどあり、こっぱずかしい正論を振りかざしてしまう。

ジャーナリストたちは、暴排条例が設立されるまでの現実を知らない。誰が見ても明らかにおかしい条例がすんなり制定・施行されてしまった背景には、ヤクザに泣かされた人々の多くの声があることを実感できない。

「そりゃあ（暴排条例は）おかしい、狂っとるとは思うが、これまでさんざん人権を踏みにじってきたんだから、ある意味、こうなっても当然やねん。わしらがちょっと口効くだけで、サラリーマンが一生懸命働いて、一カ月後にもらう給料の数倍を稼ぐ。そんなのを目の当たりにしてたら、誰も味方なんかせいへんわ。せやけどわしら、ほとんど影響ないねん。暴排条例で困っとるんは、正業をしている人間だけや。シャブに博打（ばくち）、売春に恐喝、犯罪行為だけをシノギにしとるヤクザは、最初から懲役は覚悟の上や。ぶっちゃけ、なにも変わらない。よく若い衆と話すんや。『わしらもいっぺ

んくらい暴排条例で大変なんやとか、えろうかっこのええこと言ってみたいのう』って（笑）」（関西の独立組織幹部）

リアルな取材を求めるなら、手ぶらで戻る覚悟を決め、ヤクザという人種の深い海の底にダイブし、本音にたどり着くしか方法はない。ヤクザの表面をさらりと撫で上げるような記事では、このヤクザ激減の理由を説明できない。

ヤクザという職業の機能不全

では、なぜこのタイミングでヤクザが激減しているのか？

その理由は……もう数年前から、ヤクザという職業が機能不全に陥っていたからである。暴排条例はあくまで引き金である。ずっと体調不良で病気がちだった老人は、ただの肺炎をこじらせ、あっけなく死亡する。半死半生だったヤクザにトドメを刺したのは暴排条例であっても、それは根本的な理由でない。

だからこの激減は、一定のラインで必ず下げ止まる。おそらくこの1年にその時期がくる。暴排条例によって死にかけのヤクザが逝ってしまったあと、この程度の圧力ではびくともしない強者だけが残るだろう。警察もそれを分かっているから、暴排条例をよりいっそう強力な武器にしようと動いている。

なにしろヤクザ側の反撃はすさまじい。もはや堅気には手を出さないといった美学を、たとえ表面上であっても保っている余裕はない。弁当屋程度の接点ならともかく、巨額な金をやり取りしていた共生者が寝返った場合、それはヤクザ社会の裏切り者として粛正される。暴排条例の施行後、暴力団の犯行と推定される堅気への暴力事件が頻発しており、なかには死人が出たケースもある。これらを追っていくと、こうした事件の多くが、ヤクザ側からみれば筋の通った話——つまり裏切りに対する処刑執行と分かるはずだ。

「マスコミでも地元の人間はみんな知ってますよ。なぜ殺されたのか、その理由を分かっている。もちろんそれは暴力団側の勝手極まりない理屈です。でも『そりゃあそうだよなぁ』と思ってしまうこともあって、だから事件を掘り下げ、記事を書くことができないんです」（地方紙記者）

マスコミを使ったヤクザの反撃も勢いを増している。近年のヤクザ組織は雑誌媒体への露出を一種の広報と考えており、暴排条例が施行された後も、一定の条件を満たしている限り、ヤクザは取材に応じてくれる。警察や世論の風当たりが厳しくなり、反社会勢力とまで呼ばれるようになったなか、任侠道を喧伝して自分たちの健全性を披露し、少しでも多くのシンパを育成しようというわけだ。

日本一の組員数を誇る山口組も、五代目体勢の時のようなマスコミに対する鎖国政策を取りやめ、自らの意に沿う記者を公認、神戸の総本家に招き入れるようになった。記者は住所・氏名と所属を山口組に提出し、入念な原稿チェックを受けて記事を書く。報道というより企業ＣＭのようなもので、そのため山口組にとってマイナスになることは一切書けない。

ヤクザたちはよく「マスコミは警察発表ばかりを垂れ流し、ことさらに我々ヤクザを悪人に仕立て上げている！」と憤慨するが、とどのつまり警察と同じことをしているわけだ。警察のパートナーは新聞やテレビ局、ヤクザのパートナーは一部実話誌だから影響力の違いは歴然で勝算は薄いのだが、ヤクザ側がこれを気にすることはない。

分かりやすいよう前出の山口組の場合を例にとってみる。一般企業ＰＲと実話誌記事、両者でたったひとつ違うのは、山口組が媒体に金を支払っていないことだ。ＰＲをしてくれる実話系雑誌にとって、ヤクザは芸能人のような存在である。そこにヤクザが出てさえいれば内容などどうでもいいわけで、ヤクザから取材拒否を食らえば記事が作れない。ＰＲをしたいヤクザと、記事を作りたい雑誌はその利害が一致している。暴排条例の施行以後、共生関係をより強めている。

もともと金がかかっていないから、実話誌を使ったスピンが失敗しようと、ヤクザからすればなんの痛手もないのだ。

表現の自由というナーバスな問題に関わるだけに、いまのところ警察は取材を装ったＰＲ記事を直接妨害しようとしていない。暴力団専門誌という特殊な雑誌や、ヤクザを題材とした廉価版コミックが、キオスクやコンビニエンスストアから消えたのみだ。

あくまで自主規制。が、実質強制。

この状況に文句を言っても、一般人には聞く耳をもってもらえない。ヤクザの言い分100%のPR記事を垂れ流してきた代償で、つまり自業自得である。

「将来、ヤクザがなくなるか、といえば、ヤクザ的な存在は残るだろう。警察がどう取り繕おうと、法律の範疇を超え、快楽を追求したい客は絶えない。たとえば、非合法商品・サービスの需用は消えないから、たとえヤクザの存在を法律で禁止し、こうした犯罪の量刑を死刑にしたところで、供給しようとする人間はいる。暴力だって同じ。ただ、いまのヤクザ組織がそのまま残るかどうかは分からない。もし残っていたら、それは警察が本気じゃないだけだろう」

昨年頭、九州の某組織を辞めた元組長は淡々と語った。彼はヤクザを辞める際、唯一、組織から執拗に引き留められた「元・ネタ元」の例外である。

紆余曲折を経て、彼がヤクザ組織を辞められたのは、何度も精神病院に入院し、組織が渋々引退を認めてくれたからだ。

「いきなり引退したいと言っても、この厳しい時代だからなおのこと難しい。お前だけが抜け駆けするのかと詰問されるわけ。だから何度も頭が狂ったふりをして、精神病院に入院した。今年に入ってようやく、組織が脱退を認めてくれた」

本人曰く、「あくまでも狂ったふり」だが、それも本当かどうか分からない。あくまでも個人的見解だが、そう話す彼の虚ろな瞳を見ていると、今後も入院治療を続けたほうがいいように感じる。

（文庫書下ろし）

ヤクザの海外進出が本格化しはじめた

暴排条例の影響で拠点は中国、東南アジアに

「不自然なんですよ、なんか違うんです」

カンボジアに駐在する建設業者が言う。2012年、東京・立川市で起きた5億円強奪事件の1人が、カンボジアで逮捕された。この犯人は3日に一度の割合いで、プノンペンの日本料理屋に来ていたらしい。

「外出は控えていても飯は食うでしょ。日本食が食いたくなるんですよ。でも知らない顔だし、挙動不審だし、何かあると分かります。ヤクザですか？　一発で分かります。威張ってますもん。日本じゃもうできないようなこと……刺青出して、店に『刺身が凍ってる。親分に謝れ！』ってやってますから」

昨年、暴力団の海外進出が本格化した。感覚的には倍加といっていい。これまでなら単に銃器、ドラッグ、売春婦などの商品を集め、日本のアングラマーケットに流すための資材調達が進出の目的だったが、現地で構築したパイプをさらに伸ばして、海外で直接シノギを行なうようになった。

もともと海外は、暴力団たちにとって欠かせないエリアだ。資金洗浄はやり放題だ

し、日本の警察の捜査も及ばない。殺人事件の時効がなくなってから、ヒットマンの海外逃亡も増加している。逃走先は偽造パスポートの作りやすい中国が9割を占める。日本での活動を補填する形で外国は不可欠だった。

そのバランスが暴排条例で崩れた。実質的な市民権の剥奪により、補助的な役割をしていた海外が、徐々に暴力団の主戦場にシフトしている。この傾向は来年以降も続くと思われる。

タイのバンコクにナイトクラブをオープンさせた広域組織幹部は「単価が安いからあまり儲からないよ」と笑う。

「もう日本では稼げない。違法なことしかできない。ヤクザの大半は看板をちらつかせながら正業をしていた。それができなければ海外に出るしかねぇ。やりやすいのは飲み屋。金があればカジノや建設業にも食い込める。こっちのマフィアのボスは軍隊だ。国が悪事の根本にいるんだから、なんでもできる」

半グレと揶揄されるヤクザ未満の人間たちは、より海外に親和性を持っている。世代が若く英語も堪能で、ビジネスや観光などで頻繁に海外に出かける。暴力団の海外渡航は行き先が限られていて、たとえば組員名簿に名前が載っている限り、アメリカ合衆国には入国できない。そのうえオバマ大統領はヤクザの資金を凍結すると宣言した。が、半グレにその縛りはない。

ハワイ、ロス、ニューヨーク……半グレならどこにでも住めるし、永住権さえ手にできる。昨年6月3日、六本木のクラブ「FLOWER」で飲食店経営者を撲殺した実行犯も、その一部がアメリカに逃げている。

場合によっては、半グレが暴力団の先兵を務めたりもする。親分の実子がアメリカ留学をしたがり、目付役として組員登録をしていない企業舎弟が派遣されるケースにはじまり、雑貨の輸入や土地投資まで、進出国に関わる暴力団の実働部隊は表面上、あくまでカタギだ。もちろん主要な進出先は、縛りの少ない途上国である。

「東南アジアで事足りる。月に一度は寄り合いがあるし。いつ抗争が起きて招集がかかるかもしれないから、遠くには行けない。せいぜい1週間から2週間が限度。だから現地に置くのは歪のない、籍が入っていない若い衆、もしくは付き合いのある社長たちに任せる」（独立組織理事長）

半グレを新興勢力と持ち上げるマスコミとは違い、暴力団たちはあくまで「（半グレは）ヤクザになれなかった根性なしで、便利屋みたいなもの」と蔑（さげす）んでいる。が、怒羅権（ドラゴン）のような中国残留孤児の子供たちが大同団結して生まれたグループは、華僑ネットワークを縦横無尽に駆使しており、冒頭のカンボジアにも支部がある。

もっとも、暴力団の海外進出はまだ元年を迎えたばかり。試行錯誤を経て、はっきりした形ができあがるまでには、あと数年かかるだろう。

（文庫書下ろし）

話題の半グレ集団はヤクザを凌駕していくのか？

六本木フラワー事件で見えた暴力社会の地殻変動

嬌声と悲鳴、ライトと血だまり……ちぐはぐな現場だった。

大音量で鳴り響くクラブミュージック、天井から降り注ぐカラフルな照明、昨年の6月3日午前3時、六本木のクラブ「ＦＬＯＷＥＲ」のＶＩＰルームで藤本亮介さんが撲殺された。

実行犯と目される9人の男たちは目出し帽をかぶり、それぞれが金属バットや鉄パイプを手にしていた。異様な男たちの集団は、ドン・キホーテ正面のロアビルにある「ＦＬＯＷＥＲ」の非常階段を使い、セキュリティー不在の裏口から侵入、まっしぐらに藤本さんの席に進み、ためらいなく被害者を殴り殺したのだ。抵抗する間さえなかったにちがいない。残忍きわまりない殺し方だ。

「悲鳴は……聞こえませんでしたね。ガンガン音楽かかってるし、午前3時あたりだったから、みんな酔っ払ってるし。もし目出し帽かぶってる人がやってきても、アトラクションだと思いますよ。そんな感じのノリのいい店でした」（事件当日「ＦＬＯＷＥＲ」にいた30代男性）

六本木だけあって、多くの防犯カメラが犯人たちの姿をとらえていた。怪しまれると思ったのだろう、往来では数人が素顔を晒している。映像が公開されると、警察はすぐに容疑者を特定したらしい。その中に数名の関東連合ＯＢがいる。逃走に使ったワンボックスカーを所有していたのも、関東連合ＯＢの関連会社だ。

関東連合とは、かつて存在した東京近郊の暴走族である。文字通り複数のチームが連合したもので、その世界ではかなり知られた存在らしい。

「関東の族で、というか不良で、関東連合を知らないヤツはいません。（いたとすれば）もぐり以下です。ありえない」（暴走族専門誌『ティーンズロード』元編集長）

防犯カメラの映像に酷似していた人物が映っていたためか、警察は関東連合ＯＢで俳優の石元太一を別件逮捕し、９月28日には再逮捕した。彼の著作『不良録　関東連合元リーダーの告白』には、「相手に向かって金属バットをフルスイングし、意識を失うまで叩いたこともある。血を吐き、気絶をしようが関係ない」という記述もある。警察は携帯電話やパソコンを押収したかったのだろうが、彼はまったく無関係だ。後述するが、なにしろ関東連合は組織ではなく、それぞれが個別に活動している。

事件の〝帳場〟（捜査本部）を仕切っているのは殺人を扱う捜査一課だ。直後、暴力団専門の組対四課（組織犯罪対策第四課）が応援として投入されたが、犯行の手口から暴力団が関与した可能性が低いと判断し、組対四課の助力は打ち切られた。その後、不良グループ捜査を担当する組織犯罪対策特別捜査隊が投入されている。

この対応は甘いと言うしかない。マル暴（暴力団担当）の刑事が言う。
「あれだけ肝の据わった殺しができるのは暴力団しかいない。犯人に関東連合がいようとヤクザの仕切りに決まっている。あれはヤクザと不良の混成部隊なんだ。俺たちは分かっている。なにも出しゃばりたいわけじゃない。（捜査）一課では真相解明などできない」

実行犯の大半は、直後、ハワイや中国などに逃走した。まずは今年年明けの1月10日、警視庁は帰国した5人を含む計8名を逮捕し、さらに翌日7人を逮捕している。関東連合OBとだけ喧伝されているが、逃走中の主犯格は暴力団員である可能性が高い。黙秘を続けたところで、彼らのような不良たちはどのみちしゃべる。

ちなみに、この事件は誤認殺人である。藤本さんは他の誰かの代わりに殺された。これも暴力団ルールで考えればしっくりくる。ヤクザ抗争は組織対組織の喧嘩である。幹部を殺ろうと末端組員を殺害しようと加点は加点だ。薄暗い店の中、犯人たちが本人確認をせず、いきなり襲いかかったのは、仲間なら誰を殺してもいいと判断していたからだ。

一人歩きする「半グレ」のイメージ

関東連合は、俗に言う「半グレ」である。暴力団社会をテーマのひとつにし続けてきたジャーナリスト・溝口敦の造語だ。その著作によれば「半分グレている」「半分グレー」というダブルミーニングらしい。嚙み砕いていえば、半分暴力団で半分カタギという意味である。本来、チンピラと同義で、どっちつかずの半端者を指しているのに、ここ数年で大きくニュアンスが変わり、半グレはニュータイプとしてのジャンルを確立した。暴力社会と一般社会の両言語を駆使し、自由に行き来できる越境者——イメージとしてはバイリンガルに近い。

なぜ半グレがトレンドになったのか？

書き手からすれば、新しいネタがこれしかないという側面はある。暴力団社会はほとんど動かず、あえて書くような出来事が起きない。慢性的なネタ不足のため、ヤクザレポートは無意味な記述で埋め尽くされ、組長が本家を訪問した時間まで詳細に記すようになっている。マニアックとはいえるが、チリさえ残さず拾わないと、ヤクザ記事が成立しないと表現したほうが実情に合う。

そんななか、手垢つかずの半グレという存在がスポットライトを浴びた。暴排条例の施行によって、ヤクザであること、暴力団として存在することに、いままで以上の社会的ハンディが課せられるようになったからだ。以降、半グレを扱う記事はあちこちで乱発され、誰が何を書いても、例外なく以下のような図式を踏襲する。

暴排条例によって暴力団とのあらゆる取引が違法とされた↓暴力団に所属していると、最低限の社会生活さえ営めない↓ところが暴力団排除条例は暴力団として認定されている人間にしか適用できない↓そのためケース・バイ・ケースでカタギにもなり、↓

暴力団にもなる半グレが有利になった、と。

このワンパターンは大筋、間違ってはいない。ただし、暴力社会の記述は実態以上に暴力的な方向に傾きがちだ。具体的には、喧嘩などしたこともない穏健派を暴力派と書いてもクレームは来ない。半グレはすごい。半グレは強い。そう書く分には、なんら問題が生じないのだ。そのため半グレはマスコミに登場するたび、かさ上げされ続けた。

テキヤや博徒など、暴力団組織が多種多様なように、半グレのシノギや形態、バックボーンはそれぞれまったく違う。有象無象で似て非なるものといっていい。

50の「半グレ集団」と接触してみて……

警察がどこまで実態を掴(つか)んでいるかは分からぬが、当方が接触した半グレ集団はおよそ50弱ある。その多くは強盗専門、覚せい剤専門、盗難車専門など、ほぼ犯罪を生業(なりわい)とした経済的互助グループだ。暴力団の下請けと考えてよく、過半数が暴走族OBや暴力団から処分された破門・絶縁者たちで占められる。なんのルールもないから年齢も多種多様で、性差もなく、仲間内に外国人がいたりする。

彼らは事務所を持たず定例会も開かない。組織名すらない場合も多い。

「その場その場で、仕事に応じて集まる。用事がなければ、普段一緒に飲み歩くこともないし、どこに住んでいるかも（お互い）分からない。名前だって怪しいもんだ。

俺がよく組むヤツは斉藤っていうんだが、本名かどうかなんて気にしたことがない」
（窃盗専門のグループに属する40代男性）

暴力団との繋がりはそれぞれが持っている。個人の場合もあるし、グループ全体がケツ持ちを抱えているケースもある。ただし、大半は特定の組織とべったりというわけではない。仕事に応じて相手を変える。以前の仕事では山口組組員と組んでいたのに、翌日は住吉会といった具合で、金銭さえもらえばこれまでのパートナーを裏切ることも平気でする。暴力団との関係は極めてドライだ。反面、覚せい剤専門グループは信用第一であり、暴力団と同様、表面上の仁義は重んじる。

正業に進出している半グレもいる。その代表格が怒羅権（ドラゴン）だ。というより組織といえるほどのまとまりをもっているのは怒羅権だけだろう。彼らは決してマスコミに登場しない。暴力団と違って人気商売ではないから、その必要がないのだ。そのためインタビューには応じてもオフレコとなる。口は堅い。世間話にしか応じない。

怒羅権は中国残留孤児の子供たちを核として結成された。日本語を話せないためいじめられ、それに反発する形で暴走族からスタートしたといわれる。支部は関東各地にあって、主要メンバーが中国語を話せることもあり、アジア一帯に進出してシノギを行なっている。大陸から旅行で来ている中国人もいたり、日本人を使ったり、一口に怒羅権といっても、シノギはバラエティーに富んでいる。凶悪な強盗事件が発生するたびに名前が挙がるが、国際的組織だけあって、なかなか逮捕されない。

「ヤクザ？　特に気にしてないよ。適当に付き合ってる。ヤクザはヤクザでメンツがあるでしょう。それを潰したっていいことはない。立てるときは立てる。俺たちは争いを望んでいない」（怒羅権の某幹部）

六本木フラワー事件で、実行犯の一部とされる関東連合は、怒羅権ほど組織的には連携しておらず、メンバーと目される人間も少ない。そのため、事件の被害者と加害者の双方に関東連合がいたりすることもある。ただ、暴力社会のヒエラルキーの中でヤクザ組織の下部に位置していても、それをまったく意に介さないところは、関東連合、怒羅権ともに共通している。

「ヤクザなんて上手く持ち上げ、おだてておけばいい。部屋住みしたり、当番で体をとられたり、あげくの果てには上納金（を納める）じゃん。先輩にヤクザになった人はいるけど、愚痴ばっかでピーピーしてる。ヤクザになろうなんて思ったことねぇよ」（関東連合ＯＢ）

暴力団側も、表面的には半グレを黙殺している。両者の間で喧嘩が起こって事件沙汰にでもなれば、どんな理由があろうと暴力団側が加害者となるから、無視しておくのが最善だ。

が、何度もマスコミが半グレを持ち上げ、実話誌ばかりか大手メディアまでもがその存在を取り上げるようになると、暴力団の態度も変わった。ヤクザはイメージ産業であり、これ以上、半グレのイメージが一人歩きすれば、シノギに支障が出るからだ。

「分かる人には分かるんだよ。説明する必要なんてない。でも俺たちより凶悪とか、強いとか、そう思われると勘違いする人間が増える。債権の取り立てにしたって、顧客がハンチク（半グレ）を頼ったりする。どうにかしなきゃ、とは思ってる」（広域団体二次団体総長）

それが冒頭の六本木フラワー事件として結実した、というわけだ。

表面上、暴力団の優位はこれからも続くと思われる。が、半グレは暴力団を手玉にとりながら、今後もジワジワと増殖するだろう。時代はもはや暴力団を必要としていない。盛者必衰は世の習いだ。

（文庫書下ろし／2013年1月18日現在）

宝島
SUGOI
文庫

ヤクザ500人とメシを食いました！

（やくざごひゃくにんとめしをくいました！）

2013年2月20日　第1刷発行

著　者　鈴木智彦
発行人　蓮見清一
発行所　株式会社 宝島社
〒102-8388　東京都千代田区一番町25番地
電話：営業 03(3234)4621 ／編集 03(3239)0646
http://tkj.jp
振替：00170-1-170829（株）宝島社
印刷・製本　中央精版印刷株式会社

First published 2012 by Takarajimasha, Inc.
ISBN 978-4-8002-0775-3